TACK!

Genom att välja en klimatsmart pocket från Månpocket bidrar du till vårt arbete för att göra produktionen av pocketböcker miljövänligare.

Vår vision är att ge ut böcker där man tagit hänsyn till miljön i varje steg av produktionen – och vi strävar efter att bli ännu bättre.

Vi har därför valt att trycka alla våra böcker på FSC-märkt papper. FSC står för Forest Stewardship Council och är en oberoende, internationell organisation som verkar för socialt ansvarstagande genom ett miljöanpassat och ekonomiskt livskraftigt bruk av världens skogar. FSC:s regelverk slår bland annat vakt om hotade djur och växter, om hållbart och långsiktigt bruk av jorden och om säkra och sunda villkor för dem som arbetar i skogen.

För de utsläpp som trots allt inte går att undvika i bokproduktionen klimatkompenserar vi genom Climate Friendly. Vi bidrar härigenom till utbyggnaden av hållbar utvinning av förnybar energi, såsom vindkraft.

Vill du veta mer? Besök **www.manpocket.se/klimatsmartpocket**

Håkan Nesser

ELVA DAGAR I BERLIN

Roman

Citat s. 278–279: Fritiof och Carmencita.
Musik och text: Evert Taube. © Körlings Förlag AB.
Tryckt med tillstånd av Gehrmans Musikförlag AB.

Denna Månpocket är utgiven enligt överenskommelse med
Albert Bonniers Förlag, Stockholm

Omslag: Karin Hagen

Copyright © Håkan Nesser 2015

Tryckt hos ScandBook UAB, Litauen 2016

ISBN 978-91-7503-526-0

Till Elke

Inledande anmärkning
Vissa detaljer på gatorna Fasanenstrasse, Knobelsdorffstrasse och Kyffhäuserstrasse stämmer inte med verkligheten. De är produkter av författarens fria fantasi; vid närmare eftertanke gäller detta hela föreliggande bok.

"Något budskap har jag inte. Men jag vill gärna sprida en allmän tolerans för mänskligt vansinne."

Astrid Lindgren

VORSPIEL I

1

Arne Murbergs pappa blev dyster när han fyllt sextio och fem år senare dog han.

Det var i november och det hade regnat från morgon till kväll. Arne och farbror Lennart hade vakat på sjukhuset i ett och ett halvt dygn, men i det unika ögonblick då gränsen passerades låg Arne på en sliten galonbrits ute i korridoren och tog en slummer. Klockan var inemot elva på kvällen, farbror Lennart ryckte honom i axeln och förklarade att det var över.

"Han dog i sömnen. Det gick lugnt till, jag höll honom i handen."

Arne gnuggade sig i ögonen och funderade på om han borde säga "utmärkt" eller till och med "finemang", men valde att hålla tyst. Det var inte gott att veta, det var första gången hans pappa hade dött och det enda han kände var en stor tomhet. Eller kanske ett slags ensamt och ödsligt susande som fick det att knyta ihop sig i halsen på honom. Nästan som den där gången när Pung-Peppe försökte strypa honom med en halsduk.

"Kräftan vann till slut", fortsatte farbror Lennart. "Nu har Torsten kämpat färdigt. Det var bäst som skedde. Och det var fint att han fick sagt det där om din mamma."

"Ja, jo", svarade Arne och kom upp i sittande på britsen. Resningen gav honom en skjuts av halsbränna, han tänkte att det berodde på de tre mazarinerna han ätit till kaffet innan han somnade.

"Vill du gå in och titta på honom? Det hör liksom till."

"Ja, jo", upprepade Arne och så gick de tillsammans in i rum nummer åtta där Torsten Murberg tillbringat de sista veckorna av sitt liv.

Och den susande tomheten kändes ännu ödsligare och ännu sorgsnare, kanske för att regnet smattrade både mot fönsterblecket och diverse korrugerade plåttak därute i världen. Pappa skulle inte ha velat att jag stod och bölade, tänkte Arne, och därför bet han sig i kinden och höll det stången.

Det där om mamman kom upp igen när han och farbror Lennart satt och drack förmiddagskaffe inne i pentryt nästa dag. Fast först hade de hängt en skylt på butiksdörren – STÄNGT PÅ GRUND AV DÖDSFALL. Det var farbror Lennart som textat den, blå bokstäver på gul botten eftersom man inte hittat vare sig svart eller vitt.

"Din mor, ja", inledde han. "Hon var som hon var och jag antar att hon fortfarande är det. Och hon var förstås alldeles för vacker för en sån som Torsten."

Arne nickade och tänkte att han förstod. Det fanns ett

fotografi av mamma Violetta, glasat och ramat och med sin givna plats på släktkommoden i finrummet. Mellan hägern i teak som han tillverkat i träslöjden något år före olyckan och ett annat fotografi: av farfar Albin och farmor Helga. De hade dött långt innan Arne kom till världen och det var han i hemlighet glad för, för de såg så vrånga och illmariga ut att de knappast kunde ha gjort någon levande människa glad.

Bara mamma Violettas övre halva var det man kunde ta del av på porträttet, men Arne hade alltid resonerat som så att det var den finaste halvan. Mörkt lockigt hår ända ner på axlarna hade hon, en bred mun som skrattade och som visade en fin radda glänsande vita tänder, samt en sorts glitter i ögonen. Jo, till och med Arne begrep att hon varit en vacker kvinna. Och kanske var. Så länge han kunde minnas hade det hetat att hon var död, men numera levde hon tydligen. Varken pappa Torsten eller farbror Lennart hade tyckt om att prata om henne och faster Polly brukade bara himla med ögonen och sucka om hon någon gång ändå kom på tal.

Men för en vecka sedan hade Arne blivit upplyst om de här nya – fast rätt så gamla – detaljerna.

Rum åtta. På sängkanten, det var lite obekvämt men pappa Torsten hade velat ha honom där. Hade tagit hans ena hand mellan bägge sina, det var tämligen ovanligt det också måste man säga, och spänt sina brustna ögon i honom. Sett så där svårartat bister ut – nästan som sin far och mor på kommodporträttet, eller som han brukade göra när alla pengarna var slut och det höll på att gå åt helvete med butiken.

"Arne, min son", hade han sagt. "Min ende son, jag är snart borta, det har du nog förstått?"

Arne hade nickat och lyckats svälja ett "jajamän", det var mycket man inte borde säga när döden stod för dörren. Som inte passade. *Tand för tunga*, som farbror Lennart brukade råda honom till i tid och otid. Tala är silver, tiga guld.

"Det är en sak jag vill ta upp med dig innan det är för sent. Du måste höra på ordentligt."

"Jag hör", svarade Arne för det gjorde han.

Farbror Lennart satt på en stol borta vid fönstret och tittade ut mot regnet. Ryggen vänd åt sin bror och sin brorson.

"Alltså och emedan", fortsatte pappa Torsten. "Livet blir inte alltid som det var tänkt, det begriper man när man kommit så långt som jag. Men man får ro det i land och det finns saker som inte ska lämnas ogjorda."

"Just det", sa Arne.

"Förstår du vad ogjorda betyder?"

"Ja då", svarade Arne.

"Du kommer ju aldrig att få något nobelpris, min son, men du är en god människa och det är mer än man kan säga om kreti och pleti."

"Kreti och pleti?" undrade Arne.

"De flesta", förklarade pappa Torsten. "Ja, sannerligen."

Arne nickade. Pappa Torsten harklade sig och spottade slem i den för ändamålet avsedda plastmuggen.

"Sanningen...", sa han eftertänksamt medan han studerade innehållet i muggen med en rynka i pannan, och det lät som om han inte kände sig riktigt bekväm med ordet eller kom ihåg vad det betydde, "... *sanningen* om din mamma är att hon inte dog under den där segelturen utanför Danmarks västkust."

"Jaså minsann?" svarade Arne. "Hur dog hon då?"

Pappa Torsten ställde ifrån sig muggen. "Hon dog inte alls. Hon rymde med en trubadur. Du var lite drygt ett år. Så ligger det till och det är dags för dig att leta upp henne."

"En trubadur?" sa Arne.

"En sorts poet, han sjöng visor och höll på."

"Jag förstår", sa Arne men det gjorde han inte. Inte riktigt.

"En mager tvålfager typ", förtydligade pappa Torsten med en djup suck. "Varken mer eller mindre. Polisonger. Han hette Lummersten och de flyttade till Berlin. Egon Lummersten."

Farbror Lennart hostade och muttrade något borta på sin stol. Men det var allt, han hade ingen kommentar, fortsatte bara att envist blänga ut genom fönstret trots att där inte fanns annat att se än en bit av den oroliga himlen och baksidan av Gahns nedlagda skofabrik.

"Berlin", upprepade pappa Torsten. "Det ligger i Tyskland."

"Det känner jag till", sa Arne för det gjorde han.

"Förr låg det i både Väst- och Östtyskland men numera ligger det bara i Tyskland."

Arne hade för sig att han visste även detta, men höll inne med det. Istället blev det nu en lång paus medan pappa Torsten slöt ögonen och drog en rad djupa, lätt rosslande andetag. Arne undrade vad det här samtalet egentligen gick ut på. Farbror Lennart tog upp sin mobiltelefon och stirrade på den en stund. Hundratreåringen Grönberg bakom skärmen borta vid dörren släppte väder och grymtade belåtet i sin eviga sömn. Farbror Lennart hade förklarat att han pratade med sig själv på det viset, bakdelen med framdelen, det hände att gamla människor ägnade sig åt sådant i väntan på Sankte Per. I brist på bättre.

Pappa Torsten slog upp ögonen och tog ett fastare grepp om sin sons hand.

"Leta upp henne", sa han. "Du ska leta upp din mor i Berlin. Det är det uppdrag jag ger dig, min son."

"Jamen, hur ...?" sa Arne.

"Leta upp henne!"

"Jag hör det."

"Jag har hennes adress, den står i mitt anteckningsblock i lådan i nattygsbordet. Den gamla röda med gummiband om. Det kan förstås hända att hon flyttat men det får inte hindra dig. Trubaduren är död i alla händelser, han ramlade ner från en balkong när han var på fyllan, det har jag från säker källa."

"Så kan det gå", sa Arne.

"Det är en sak du ska överlämna till din mamma. Den ligger i samma låda som anteckningsblocket, det är en liten ask. Lova att du gör det här när jag är borta."

"Javisst, pappa", svarade Arne. "Jag lovar."

"Den där asken är låst. Du får inte öppna den. Jag köpte den av en spåkvinna, den var inte billig."

Sedan hade det inte blivit mera sagt i saken, eftersom en sjuksköterska, hon med det röda kortstubbade håret och en liten tatuering av en njure eller möjligen en bumerang på halsen, kom inskramlande med en vagn och förklarade att det var dags för lilla pillersvängen igen.

Men nu, över det rankiga lilla bordet i pentryt innanför butiken – och dagen efter döden – blev det alltså mera sagt. Kaffet ackompanjerades av en hallonsockerkaka som faster Polly tagit upp ur frysen och som inte var riktigt upptinad men som gick ner ändå.

"Hon hade inte tid att baka en ny", sa farbror Lennart. "Eller lust. Det får man förstå, hon höll mycket av Torsten hon också. På sitt sätt."

Arne undrade vad *på sitt sätt* betydde men frågade inte.

"Det är som det kan", sa han istället. "Det är mycket med döden."

Han väntade på att farbror Lennart skulle börja utveckla. Han brukade säga så. *Om vi skulle ta och utveckla lite. För att sätta oss in i problemanget bättre.*

"Alldeles för vacker, som sagt", sa han nu. "Din mor, dina dagars upphov. Skönhet går alltid galet, förr eller senare, sanna mina ord."

"Faster Polly är ju rätt ful", kommenterade Arne för att visa att han hängde med i resonemanget.

"Nu är det ju så att det är insidan som räknas", genmälde farbror Lennart lite buttert och skar åt sig en stadig bit halvfrusen hallonsockerkaka. "Enbart det och ingenting annat. Men vi måste utveckla din pappas sista önskan en smula. Det här med Berlin."

"Jag tänker åka dit", sa Arne för det hade han bestämt sig för medan han låg vaken och inte kunde somna föregående kväll. "Jag åker till Berlin och letar reda på mamma. För min del gör det faktiskt detsamma om hon är vacker eller inte."

"Alldeles riktigt", instämde farbror Lennart med munnen full. "Sånt spelar verkligen ingen roll. Och du ska inte gå emot din fars sista vilja, hur korkad den än må vara. Men vi måste nog preparera dig litegrann innan du ger dig iväg."

"Preparera?" sa Arne.

"Jag skulle förstås gärna följa med, men vi har ju butiken att tänka på. Torsten skulle inte ha velat att vi höll stängt i onödan och det är tuffa tider. Vem skulle sköta ruljangsen om inte jag?"

Arne nickade. Det var klart som korvspad att farbror Lennart måste stå bakom disken nu när pappa Torsten inte längre fanns i de levandes skara. Så hade det varit de senaste månaderna, ja, längre tillbaka ändå. Faster Polly kunde väl rycka in någon timme i nödfall, men hon hade sina krämpor att tänka på. Innan han dog hade Torsten Murberg anförtrott sin son att hans feta svägerska led av samtliga i västvärlden kända sjukdomar samt ungefär ett dussin okända. Det var ett under att hon kom ur sängen om morgnarna.

"Först och främst måste vi få Torsten i jorden", utvecklade farbror Lennart. "Och sedan måste du lära dig tyska. Åtminstone lite rudimentärt."

"Va?" sa Arne.

"Rudimentärt. Det betyder att du inte måste kunna vartenda ord. Bara de viktigaste. Scheisse och Krankenhaus, för att ta två exempel."

"Scheisse", sa Arne.

"Bravo. Med lite god vilja och en ordentlig lärobok borde det gå på ett par månader. Du kan förstås inte komma till Berlin och bara prata svenska."

"Svaj bir. Ser sjön", sa Arne för att visa att han sannerligen inte var något dumhuvud och redan hade snappat upp ett och annat.

"Ett halvår allra högst", sa farbror Lennart och suckade. "Jag kommer själv att undervisa dig. Jag läste tyska i realskolan på sextiotalet."

2

Arne Murberg hade kommit till världen efter en spermatozoisk fullträff alldeles i början av nittonhundraåttiotalet. Torsten Murberg och Violetta Dufva träffades under en bussresa till Italien, en tiodagarshistoria där tre dussin människor guidades runt under halvprofessionell ledning i landskapet runt Como- och Maggioresjöarna och övernattade på små pittoreska pensionat i den vackra alpnaturen. Det var i maj månad. De sista två dagarna tillbringade man i Venedig, den mest romantiska staden i världen, och det var här fullträffen ägde rum.

Violetta Dufva hade bokat resan i all hast eftersom hon behövde smälta sitt just havererade förhållande med en drogberoende och våldsbenägen dansk rocksångare vid namn Truls. Hon hade sökt äventyret men fått betydligt mer än hon varit ute efter under det halvår det pågått, och när Torsten i efterhand försökte förstå vad i all sin dar det var hon sett hos honom själv, så kunde han inte hitta något annat svar än det gråaste av dem alla: tryggheten. Den inåtvände, lätt hämmade bondsonen från gränstrakterna mellan Värmland och Närke var inte någon bildskön eller charmig karl, förvisso inte, men han skulle åtminstone aldrig komma på tanken att bära hand på en kvinna. Så efter några glas vin och en sällsport angenäm gondoltur gick det som det gick.

Till saken hör möjligen att trettiotvå av resedeltagarna var kvinnor och att de tre övriga männen alla hade passerat sextio. Violetta var för sin del tjugoåtta och Torsten inte särskilt mycket äldre.

Fast i sista sekunden, när det redan gått för henne och när Torsten just befann sig på tröskeln till explosionsögonblicket, skrek hon åt honom att dra sig ur.

Vilket Torsten, som den gentleman han var, också gjorde, men dessvärre någon sekund för sent. En månad efteråt, långt borta från allt vad gondoler och alpsjöar hette, ringde hon upp honom en kväll och förklarade läget.

"Jag tänker inte göra abort", förklarade hon också. "Du får lov att gifta dig med mig."

Vilket Torsten, som den gentleman han fortfarande var, gick med på – efter att först ha rådgjort en smula med sin fem år äldre bror och dennes fästmö Polly. Under de närmast följande trettio åren skulle den sistnämnda ofta understryka att det var de enfaldiga bröderna som kommit fram till beslutet och att hon själv avrått på det bestämdaste från allra första början.

Hursomhelst knöt Torsten Murberg och Violetta Dufva hymens band i kyrkan i K- redan i augusti månad samma år och Arne Albin Hektor föddes ett halvår senare utan särskilt stora komplikationer. Albin kom från farfar, Hektor från morfar. Arne var ett gemensamt beslut (men också namnet på Violettas förste älskare, en omständighet som hon dock höll inne med tills det var för sent att ändra på det.)

Varför Torsten begivit sig ut på den där bussresan?

Han hade vunnit den genom att komponera en slogan för ett av våra populäraste kattfoder. Det skulle kunna hävdas att Arne Murberg var den senkomna frukten av en dansk rocksångare och ett kattfoder från Småland, men såvitt veterligt var det ingen som någonsin hävdade just det.

Att Arne Murberg aldrig lärde känna sin mor – och därför aldrig kom att sakna henne – bör betraktas som ett sorgligt men obestridligt faktum. Hon ammade inte pojken; när han under sina tidigaste månader vaknade om natten och var hungrig var det alltid pappa Torsten som klev upp och värmde bröstmjölksersättningen. Så småningom vällingen. De bodde under den här första (och enda egentligen) tiden i en trerumslägenhet ovanför biografen Saga vid torget i K-. Violetta plågades till och ifrån av migrän – men också av ljudet från kvällens film som trängde upp genom golvet, ett problem som hon så småningom löste genom att gå ner och sätta sig i salongen istället. Med tiden blev det rutin att hon såg både sju- och nioföreställningen, till starkt rabatterat pris för att inte säga gratis – hon hade vackra violblå ögon och biografvaktmästare Rundström var inte mer än människa – och det var under filmen *Falling in Love*, med Meryl Streep och Robert De Niro i huvudrollerna, som hon träffade trubaduren och poeten Egon Lummersten, vilken just den här kvällen övernattade på stadshotellet inför ett uppträdande på Rotaryklubbens jubileumslunch följande dag.

Det var också för att få möjlighet att diskutera igenom filmen ordentligt, den hade gripit dem båda djupt, som Violetta Dufva följde med sin nyvunne bekantskap till hans rum borta på hotellet snett över torget. Det hade känts hur naturligt som helst, de hade båda två ett uttalat kulturintresse, något som Torsten tyvärr visat en skriande brist på allt sedan hemkomsten från Italien, och att det ena sedan ledde till det andra var egentligen inte konstigare än att... att när tryggheten kväljer en som kallnad gröt i halsen, får man ta skeden i vacker hand, gräva undan kväljet och leka med det barn man likar bäst. Med kondom den här gången.

Eller hur man nu ville uttrycka saken. Det utomäktenskapliga förhållandet fortsatte i alla händelser några månader – fortsatte och fördjupades – och när fjällen äntligen föll från pappa Torstens ögon och han ställde till med vad som ändå måste betecknas som en scen, så rymde de nästa morgon. Hustrun och trubaduren.

Oklart vart. Det låg en lapp på köksbordet.

Ett halvår senare kom ett brev med en gatuadress i Berlin. En hälsning till unge Arne Albin Hektor och en uppmaning att sända ett paket med Violettas efterlämnade kläder till sagda adress.

Denna uppmaning efterkoms dock inte. Ner till minsta trosa hade Torsten vid det laget skänkt allt som kunde påminna om hans förlupna fru till Myrorna. Det ramade porträttet undantaget, man behöver inte nödvändigtvis spola ut allting med badvattnet.

Samt flyttat till en lugnare lägenhet, även detta en trerummare, på Frithiofs gata bakom idrottsparken.

Samt på inrådan av sin äldre bror köpt en tobaksaffär med bra läge i korsningen Rutevägen–Floras gata.

Vid det här laget var gossen Arne ett år och sju månader och lyckligt ovetande om det mesta. Pappa Torsten var trettiotre, varken mer eller mindre. Livet gick vidare.

3

Fem hus längre bort på Frithiofs gata bodde Lennart och Polly Murberg i en annan trerummare. Det var praktiskt, de hade inga egna barn att uppfostra och Arne blev snart lika hemmastadd på det ena stället som på det andra. Pappa Torsten hade hastigt och lustigt blivit ungkarl med en liten son på halsen och det var en självklarhet att hans ende bror och dennes hustru ryckte in. Åtminstone två kvällar i veckan sov pojken över hos släktingarna, han hade ett eget rum innanför köket hos dem och det väckte en viss förvåning när han för fröken Månsson i första klass i Stavaskolan bestämt deklarerade att han inte hade två föräldrar, som de flesta av kamraterna, utan tre.

Någon fjärde förälder blev det dock inte tal om även om pappa Torsten vid enstaka tillfällen hade kvinnor på besök. Det skedde alltid när Arne sov över hos farbror Lennart och faster Polly, det var aldrig någon som stannade kvar längre än till frukost och ingen som det var värt besväret att komma ihåg namnet på.

Faster Polly arbetade som tårt- och bakelsebagare på Sveas konditori, men bara halvtid, farbror Lennart var kommunalanställd. Vad det senare egentligen innebar kom Arne aldrig riktigt underfund med, men varje morgon klockan kvart i nio satte sig farbrodern på sin svarta cykel av märket Fram och trampade de åttahundra metrarna till stadshuset vid torget. Kvart över fem på eftermiddagen kom han tillbaka igen. I ur och skur, på pakethållaren hade han en portfölj innehållande en lunchlåda och två äpplen, när han kom hem var alltid ett av äpplena oätet.

För den händelse man måste jobba över. Detta hot hade såvitt Arne kände till aldrig blivit verklighet fram till den dag då farbror Lennart avgick med guldrova efter fyrtiotvå år i samhällsbevarande tjänst. Fast de första femton åren hade Arne inte varit född än, så osvuret var antagligen bäst.

På lördagarna ryckte farbror Lennart oftast in i tobaksaffären, och efter att han gått i pension, vid ungefär den tid då Torsten Murberg blev dyster, tillbringade han gärna några timmar varje dag bakom disken bland cigarretterna, piptobaken, snuset, veckotidningarna och karamellerna. Ibland tillsammans med sin ny-dystre yngre bror, men oftare i sällskap av sin brorson, som efter olyckan inte gärna kunde sättas i vanligt arbete.

Vad Torsten Murbergs sjunkande humör egentligen kom sig av fick sin förklaring när man upptäckte kräftsvulsten i hans mage. I varje fall var det denna till en början diffusa plåga som i historieskrivningen fick bära huvudansvaret – det vill säga i farbror Lennarts och faster

Pollys historieskrivning och det var den som gällde. Klart som amen att man inte mådde bra om man gick omkring med en värkande handboll i magen, det kunde i synnerhet faster Polly skriva under på. Det kan tilläggas att paret ägde en tredjedel av tobaksbutikrörelsen, så de hade visst intresse av att det hela gick runt, nu när stackars Torsten inte orkade ligga i som förr.

Fram till olyckan – hans egen olycka, inte pappans – hade Arne gott om kamrater. Där fanns en Jimmy, en Niklas, en Krille och en Hassan, de bägge förstnämnda klasskamrater, de sistnämnda grannungar i kvarteret. Där fanns också en lite hemlig kamrat, nämligen en flicka som hette Beata. Hon var ett år äldre än Arne och bodde i en gammal trävilla som låg precis mitt emellan hans bägge hem. På hennes gård växte en stor kastanj och Beata brukade ofta sitta och dingla i en gunga som hängde från en av de lägre grenarna i detta träd när han gick förbi på trottoaren åt det ena eller andra hållet.

Beata var söt, men hade en pappa som drack, och sommaren innan olyckan hände hade hon börjat få bröst. Hon ville egentligen inte ha dem, men Arne tyckte de var både snygga och förmodligen sköna att ta på och senare i livet brukade han tänka att han säkert skulle ha gift sig med Beata om det inte hade gått som det gick.

Det var den tjugofjärde augusti, en lördag. Första skolveckan var avklarad, sjätte klass i Stavaskolan. De hade fått en ny magister som hette Lindblom och som rökte pipa bakom cykelstället på rasterna. Vädret var vackert, en präktig sensommardag, Arne och Hassan bestämde sig för att cykla till Mörtsjön och ta årets sista dopp. De hade matsäck på pakethållaren, gott och väl tjugofem serietidningar samt ett litet paket Prince som Arne knyckt i butiken i ett obevakat ögonblick. De var ändå tolv år vardera och det var tid att börja skaffa sig vanor.

Cykelturen genom skogarna tog drygt en timma. Betydligt snabbare gick det i ambulansen på återvägen, fast den färden var Arne inte medveten om eftersom han låg fastspänd på en bår och svävade mellan liv och död.

Han blev heller aldrig medveten om vad det var som hänt, hans minnesbilder av den där lördagen tog för all framtid slut i och med att han och Hassan parkerade sina cyklar mot ett träd i närheten av den lilla parkeringsplatsen vid Mörtsjön. Resten fick han så småningom återberättat av Hassan, det var ingen särskilt komplicerad historia.

Efter att ha rökt var sin Prince, ganska äckligt faktiskt, erkände Hassan, man ska inte hålla på med sånt, hade de bestämt sig för att bada. Det var inte mycket folk vid sjön trots det vackra vädret, ett tiotal människor på sin höjd, men pojkarna bestämde sig ändå för att inte hoppa i från den rankiga bryggan som man brukade göra. Istället traskade de iväg genom snårskogen längs sjökanten bort till ett klipputsprång ett femtiotal meter bort från själva badplatsen. Arne hade för sig att man kunde hoppa i uppifrån kanten, möjligen var Hassan av samma åsikt men här svävade han starkt på målet. Kanske hade han till och med avrått.

Hursomhelst så hoppade Arne. Eller dök snarare, med huvudet före som man skulle göra om man inte var en tjej eller en kruka. Hassan stod kvar uppe på klippkanten och tittade, såg kamraten först försvinna ner genom den svarta ytan, sedan flyta upp i en stor blodfläck på vattnet och därefter sjunka på nytt. Upp igen till ytan och så ner igen.

Hassan agerade rådigt, så rådigt man kunde begära. Han skrek på hjälp och tog sig sedan rutschande på rumpan nerför den branta slänten intill klippan. Kastade sig ut i vattnet och lyckades efter en tidsrymd som han själv uppskattade till ett halvt år, men som i verkligheten knappast kan ha omfattat mer än en minut, få fatt i kamraten. Denne var blodig och medvetslös. Hassan halade in honom till sjökanten där redan ett par andra badgäster var på plats, en av dem turligt nog ambulansförare. Han hade inte sin ambulans med sig, men en smula lagstridigt hade han den parkerad hemma på sin tomt inte mer än tre kilometer från Mörtsjön.

Inom tjugo minuter var detta fordon på plats, liksom en hustru som råkade vara sjuksköterska och snart var den fortfarande medvetslöse Arne Albin Hektor på väg till länssjukhuset i Ö-bro i ilfart. Vissa livsuppehållande åtgärder hade genomförts invid Mörtsjöns strand under väntetiden, mun-mot-mun och hjärtmassage och vad det nu var. Hassan befann sig i chocktillstånd och kunde inte prata rent, det var uppenbart att även denne gosse behövde vård, om än av annat slag, och att han fick följa med i ambulansen var bara naturligt. Allt var kaos i den vackraste av augustilördagar.

När Arne Murberg kom hem till Frithiofs gata sex veckor senare var det redan oktober och han var inte densamme. Han var en skugga av sitt forna jag, detta var lätt konstaterat och lika bra att inse. Hans tre föräldrar turades om att gråta över sakernas tillstånd, men aldrig så att Arne upptäckte det. Man gick ut i köket eller in i badrummet och bölade, diskretion hederssak.

Inte för att Arne skulle ha tagit illa upp, eller ens noterat deras förstämning, men ändå. Och han var ju faktiskt i livet. Kunde röra både armar och ben och såg ut ungefär som förut.

Det var huvudet som var skadat. Inuti.

"Han är punkterad", sa farbror Lennart.

"Det är för sorgligt", sa faster Polly. "Han verkar inte riktigt närvarande."

Arne själv skulle, om han hört dem uttalas, förmodligen ha instämt i bägge diagnoserna. Han kände att luften gått ur honom och som om ett tjockt lager av fetvadd lagts mellan honom och resten av världen. Allt gick liksom i ultrarapid, eller också var det så att det bromsade upp när det kom in i skallen på honom. När någon sa något kom det först till honom som en diffus ljudgröt, där han var tvungen att fiska upp orden ett i taget innan han kunde sätta ihop dem till ett begripligt meddelande. Det kändes ansträngande bara att hålla sig vaken och han tycktes ha glömt namnen på en hel massa saker som han var säker på att han känt till innan den olycksaliga badlördagen.

Korkskruv, till exempel. Vattenslang. Stekpanna. Blixtlås. Revben, samt diverse andra ord som han nu blev tvungen att lära sig på nytt. Han tyckte också det kändes förargligt att fråga, pappa Torsten fick alltid ett så sorgligt uttryck i ögonen när Arne undrade vad den där avlånga, lätt böjda frukten egentligen hette, eller vad det kallades när man fick snören eller hår att gå av med hjälp av en sax.

Mest besvärlig blev dock situationen i skolan. Arne hade svårt att förstå till och med de enklaste instruktioner och han tycktes ha glömt hela multiplikationstabellen. Vid ett test som magister Lindblom genomförde under största diskretion visade det sig att Arne inte kände till vare sig våra nordiska grannländer, vem Jesus av Nasaret var eller månadernas inbördes ordning – även om han kunde namnge flera av dem. Dessutom föll han ofta i sömn under slutet av lektionerna och hade uppenbara svårigheter med relationen till klasskamraterna, som alltmer började betrakta honom som en kuf och en knäppskalle. Att han varit så tokig att han dykt med huvudet före ner i okänt vatten förbättrade knappast läget och några veckor före jul blev det bestämt att Arne måste flyttas över till den så kallade obs-gruppen. Denna lilla skara bestod av ett gäng slagsmålsbenägna ynglingar allt mellan tio och femton år vilka undervisades – efter vars och ens individuella förutsättningar – av en före detta major som hette Kornblatt men som allmänt kallades nazisten.

Till påsklovet följande år togs Arne Murberg ur skolan helt och hållet. Inga framsteg hade gjorts på det pedagogiska planet och han hade vid flera tillfällen fått på pälsen av sina så kallade obs-kamrater, i synnerhet av en viss Percy som till och med hade knivskurit honom i låret.

Undervisning i hemmet var den lösning som kom att gälla allt framgent för Arne Murberg och under något år kom verkligen en ung halvt avhoppad lärarinna hem till Frithiofs gata och tragglade stavning, matematik och läsförståelse med sin alltmer motvillige adept. Insatsen rann dock långsamt ut i sanden, särskilt sedan fröken Myllymäki, som lärarinnan hette, tagits in på sjukhus för anorexi, och eftersom all slags hjälp i tobaksaffären var välkommen var det den banan som kom att gälla. När Arne fyllt femton kunde han bevisligen klara av både att ta rätt betalt för de vanligaste varorna och att ge någorlunda korrekt växel tillbaka till kunderna. Dock lämnades han sällan ensam i butiken, av hänsyn till alla inblandade. Antingen hade han pappa Torsten som sällskap, eller farbror Lennart, den senare till en början bara om lördagarna men efter pensionen och guldrovan även vissa veckodagar. Alla kunder kände snart igen Arne och eftersom de också visste om hans historia hälsade de artigt och lite extra långsamt, frågade hur det stod till och undrade om han hade några synpunkter på den rådande väderleken.

Vilket Arne med tiden tog för vana att skaffa sig. På väg till butiken (han promenerade alltid eftersom han glömt bort konsten att cykla) lade han sig vinn om att observera såväl himmel som vind som temperatur. Sistnämnda notering avläste han för övrigt på den stora termometer som fanns uppsatt på väggen hos grannbutiken: EEE – Elofssons Elektriska Efterträdare. Det tog bara några sekunder och hellre en korrekt uppgift än en massa personligt svammel bara för att man satt på sig för mycket eller för lite kläder.

Och åren gick. När farbror Lennart fått sin rova och pappa Torsten blev dyster närmade sig Arne de trettio.

Och fem år senare var det alltså dags att ta itu med Berlin.

4

"Mitt namn är Arne", sa farbror Lennart.

"Isch bin Arne", svarade Arne.

"Det duger", sa farbror Lennart. "Jag kommer från Sverige."

"Isch bin Schweden", sa Arne.

"Alright, det är dom viktiga orden som är dom viktiga. Dom där små däremellan kan man skita i." Farbror Lennart kvävde en gäspning. "Och du har ju ditt lexikon. Där kan du slå upp vad som helst. Du kommer väl ihåg hur du slår upp ett ord."

"Abber klar", sa Arne och gäspade han också. Det kostade sannerligen på att lära sig tyska. Efter tre månaders ganska intensiva studier hade både han och farbror Lennart insett att där fanns en gräns. Det gick inte att fylla en påse med hur mycket godsaker som helst, och den påse som var Arne Albin Hektors hjärna hade de senaste veckorna visat tecken på att brista just för att den var så fullproppad. När han stoppade in ett nytt ord hände det att två gamla föll bort och en sådan utveckling var varken han eller tyskarna betjänta av. Naturligtvis inte.

"Slå upp papperstallrik", sa farbror Lennart.

Arne funderade. "När jag tänker efter så tror jag inte att jag kommer att behöva det ordet."

"Slå upp det i alla fall", sa farbror Lennart.

Arne började bläddra i sitt tjocka lexikon och efter någon minut hade han hittat det.

"Pappteller."

"Låter riktigt. Hönshus?"

"Hühnerstall", svarade Arne efter ytterligare ett par minuter.

"Bravo. Nej, nu tar vi oss en kopp kaffe, eller vad säger du?"

"Genua", sa Arne.

"Nej, det är en stad i Italien. *Genau* heter det, du får tänka på att inte kasta om bokstäverna."

"Genau", sa Arne.

Han hade varit utanför Sveriges gränser tidigare, det hade han förstås. Hade besökt både Köpenhamn och Trysil. Gran Canaria också, två gånger, och en ö i Grekland som han inte kom ihåg namnet på. Även Finland, inte att förglömma. Aldrig gått i land visserligen men tagit sig både fram och tillbaka på en jättestor färja hur elegant som helst.

Flugit och landat och gått genom passkontroller hade han gjort. Legat i solstolar bland folk som pratade all världens rotvälska och betalat på pizzaställen med sedlar som såg ut som leksakspengar.

Men aldrig på egen hand. Alltid i sällskap av pappa Torsten eller faster och farbror. Eller, som senast på Kanarieholmarna, av alla tre.

Och aldrig Tyskland. Inte ens Hamburg, där farbror Lennart hade tillbringat flera dagar i sin ungdom och där han påstod att de flesta svenskar någon gång satte sin fot. Om inte för annat så för att de var på väg söderut i Europa och ville göra en paus för att köpa en Bier och en Bratwurst.

Bier och *Bratwurst* behövde Arne inte slå upp. De orden var han redan säker på, liksom på en del andra matvaror som det kunde vara en poäng att känna till: *Brot*, *Milch*, *Kaffee*, *Käse* och *Kartoffelsalat*. För säkerhets skull hade han dem uppskrivna i en glosbok, tillsammans med ett hundratal andra ord som farbror Lennart menade hörde till de mest vardagliga. *Gute Morgen*, *Verdammt* och *Auf Wiedersehen* till exempel. Fast det sista var långt och svårt att få in i den fullproppade skallen.

Förutom glosboken hade han också kartor. Två stycken, den ena över Berlin, den andra över hela Tyskland. Eller *Deutschland* som det hette – också besvärligt att komma ihåg och ännu knepigare att uttala.

Naturligtvis var det Berlinkartan som var den viktigaste. När man bredde ut den täckte den halva matsalsbordet hemma hos farbror och faster, där Arne bott alltsedan pappa Torstens bortgång. Den täckte också hela den väldiga staden Berlin och där fanns två tydliga kryss inritade, det ena i rött, det andra i svart. Det röda låg på en gata som hette Knobelsdorffstrasse, numret var

38b och det var här han skulle hitta mamma Violetta. Det svarta krysset fanns på Fasanenstrasse, det var här han skulle bo under hela sin vistelse i mångmiljonstaden. Hotel Munck, tolv nätter, från och med den tjugosjätte mars till och med den sjunde april. På kartan fanns också en blyertslinje inritad som förband de bägge kryssen, det var den vägen han skulle vandra för att ta sig mellan hotellet och sin mamma. Det såg inte särskilt långt ut på kartan, knappt två decimeter, men farbror Lennart hade förklarat att i verkligheten rörde det sig om flera kilometer. Tre och tre kvarts om man skulle vara noggrann – och det skulle man, för det var alla tyskar. *Ordnung muss sein*. Om han inte tog fel i någon gatukorsning borde han klara av vandringen på en timme ungefär.

Naturligtvis gick det också bra att ta en taxi, men Arne och farbror Lennart var ense om att det var en sämre plan. Man visste aldrig så noga med taxichaufförer, om de märkte att man inte kände till stan kunde de köra runt lite hursomhelst och skörta upp en ordentligt; nej, bättre att lita till den egna förmågan och apostlahästarna.

"Apostlahästarna?" undrade Arne.

"Benen", sa farbror Lennart. "För att inte säga fötterna."

Man hade också skisserat en del planer för hur Arne skulle bete sig i fortsättningen, om det nu visade sig att Violetta Dufva (eller vad hon hette nuförtiden; hon hade i varje fall aldrig brytt sig om att byta namn till Murberg, det visste man med säkerhet) inte bodde kvar på sin gamla adress. Det var förstås inte lätt att i förväg bedöma hur man borde gå vidare i ett sådant läge; man kunde kanske hoppas på att hon lämnat sin nya adress till någon granne eller en hyresvärd och under alla förhållanden hade ju Arne möjlighet att ringa på sin mobiltelefon till farbror Lennart. Diskutera igenom läget och fatta nya beslut.

Faster Polly tyckte alla planer var lika usla. Det var ett sinnessvagt tilltag att skicka pojken på egen hand för att leta efter en sådan kvinna, påstod hon. Till ett sådant syndens näste som Berlin. Hon mindes en film som hon och Lennart sett i sin ungdom och där det förekommit alla möjliga utsvävningar och halvnakna människor på ljusskygga barer och cabareter och allt vad det hette.

"Det var hundra år sedan", invände farbror Lennart. "Den där filmen handlade om hur det var på trettiotalet."

"Det spelar ingen roll. Vad är det som säger att det blivit bättre? Pojken kan råka illa ut."

"Han är ingen pojke", betonade farbror Lennart. "Han är trettiofyra år och stor för sin ålder."

"Och klyftig som ett kålhuvud", svarade faster Polly.

"Torsten gav honom ett uppdrag innan han dog. Tycker du han ska svika sin faders sista önskan?"

"Jag säger inget, så har jag ingenting sagt", förklarade faster Polly, tvådde händerna och övergick till att smörja in sina åderbråck med en ekologisk kräm på papegojnäbbsextrakt som hon hade tio procents rabatt på hos Marys hud- och själavård borta på Nåtlaregatan.

För egen del kände sig Arne oväntat lugn inför det stora uppdraget, ja, lugnare och lugnare ju mer datumet för avresan närmade sig faktiskt. Farbror Lennart tyckte att han borde ha varit lite oroligare. Att han skulle ha uppvisat ett eller annat tecken på nervositet och resfeber, men det gjorde han alltså inte.

Det kunde hända att Arne tänkte så här:

Hör nu, min bäste Arne Albin Hektor Murberg. Nästan hela ditt liv har du tillbringat här på Frithiofs gata och i tobaksaffären. Det har egentligen inte hänt särskilt mycket. Dagarna har gått, den ena den andra lik. Ibland har solen lyst men oftast har det varit dåligt väder. Du har aldrig kysst en flicka. Du har sett nittiotusen filmer på teve och läst trettiofem och en halv bok. Det kan vara dags att göra någonting annat. Sannerligen.

Den där halvlästa boken hette *Blockhuset vid Linkingfloden* och han funderade på om han skulle packa ner den i resväskan. Bestämde sig dock för att låta den stanna kvar hemma; han hade börjat på den någon dag före olyckan i Mörtsjön men om han nu inte lyckats komma vidare i berättelsen på mer än tjugo år så var det kanske inte så troligt att han skulle göra det i Berlin heller.

Dessutom var det viktigt att väskan inte blev för tung, för om den blev det kunde det hända att man fick betala straffavgift på flyget. Kvällen före avresan såg farbror Lennart till att väga den, och kunde konstatera att packningsberäkningen varit perfekt. Arton och trekvarts kilo, det innebar att Arne kunde köpa ett och ett kvarts kilo tyska souvenirer, vilket var ganska precis lagom.

Plus något hekto för den där asken som han skulle överlämna till mamma Violetta förstås. Den skulle han ju inte ha med sig tillbaka. Både farbror Lennart och Arne själv undrade vad som fanns i den, för att inte tala om faster Polly som hade ett framträdande drag av nyfikenhet i sin karaktär. Pappa Torsten hade förvarat asken i hemlighet och utan någon annans vetskap; den var tillverkad i något slags hårt, mörkbrunt träslag och den var låst med nyckel. Men hur de än letade så hittade de ingen passande nyckel, inte i hela lägenheten. Arne tänkte att hans mamma kanske hade den i sin ägo, men han behöll den tanken för sig själv. När man skakade på asken hördes ingenting, möjligen ett nätt och jämnt uppfattbart hasande. Farbror Lennart hade föreslagit att innehållet borde vara ett smycke inslaget i bomull eller mjukt tyg, medan faster Polly mera lutade åt ett papper av något slag. Ett dokument, kanske en skattkarta eller ett testamente – dubbelvikt några gånger så att det nästan inte kunde röra sig i den ganska platta asken. Den var tio gånger femton centimeter ungefär, inte mer än tre centimeter på höjden.

"Om du får en möjlighet att vara med när den öppnas, se då för fan till att inte drumla bort den möjligheten", hade farbror Lennart inskärpt i sin brorson både två och tre gånger.

Han tror att jag är hur korkad som helst, tänkte Arne i sitt stilla sinne. Men det är jag faktiskt inte, jag har lite dåligt minne och är i långsammaste laget, men jag förstår mer än vad både farbror Lennart och faster Polly har en aning om.

Nej, inte var det mycket de kände till om Arnes inre liv, farbror och faster, något som i och för sig gällde för alla andra människor också.

De visste till exempel inte att Perry Mason bodde inne i skallen på honom. Några år efter olyckan hade pappa Torsten kommit hem med en stor låda videofilmer, som han köpt på en auktion i trakten av H-berg, och bland dessa filmer hade funnits ungefär femtio stycken som handlade om den amerikanske advokaten. Arne förstod att han varit populär för ganska längesedan, på sextiotalet eller så, men det spelade ingen roll. Han gillade Perry Masons stil, brukade se åtminstone tre avsnitt i veckan, månad efter månad, år efter år, och han tänkte ofta att om han inte haft sin olycka att ta hänsyn till så skulle han också ha blivit försvarsadvokat. Han skulle ha haft en sekreterare som såg ut ungefär som Della (eller kanske Beata Axelsson, trots allt) och en medhjälpare som liknade Paul Drake.

Under åren hade han kommit att utveckla relationen till Perry. Utveckla och fördjupa. När som helst kunde han plocka fram den smarte advokaten i huvudet och be om konsultation i lite kniviga frågor. Det behövde absolut inte vara fråga om mordgåtor – vilket det ofta handlade om på teve men sällan i Arnes eget liv – nej, det kunde gälla vad som helst: skoskav, kassakrångel i tobaksaffären eller var han hade gjort av sina nycklar.

Vad säger du om det här, Perry? brukade Arne tänka. Hur skulle du tackla mitt problem?

Man kanske borde gå tillväga på det här viset? kunde Perry föreslå efter att ha funderat ett par ögonblick. Sedan diskuterade de igenom saken tillsammans och kom oftast fram till en bra lösning. I lugn och ro och hur smidigt som helst.

Fast som sagt: om arrangemanget med Perry, liksom om en del andra inre angelägenheter, nämnde Arne aldrig ett ord, varken till sina tre föräldrar eller till någon annan. Man har väl rätt till sina hemligheter, tänkte han. De tycker ändå att jag är dummare än tåget.

5

Natten före avresan sov Arne som en lycklig gris. Han drömde om hur han satt med sin mamma, en vacker kvinna i elegant duvblå (eller om det hette duvgrå?) dräkt, på ett trottoarkafé i den bullrande storstaden Berlin och drack kaffe och åt bakelser. De talade med varandra om sina liv. Om allt som hade hänt, och inte hänt, och om hur de skulle se till att hålla kontakt med varandra i framtiden. Hela framtiden ända tills döden skilde dem mitt itu, som det stod i visan. Hon hade tunna vita handskar på händerna.

Framför dem på kafébordet låg den lilla platta asken och plötsligt plockade Violetta Dufva (för hon hette fortfarande så) upp en liten nyckel ur sin nätta handväska, och se, den passade precis i låset! Hon vred om nyckeln, men just som hon försiktigt lyfte på locket och bägge två böjde sina huvuden framåt och en smula nedåt för att få syn på vad som dolde sig därinuti asken, så vaknade Arne.

Men det var då själva fasiken också, tänkte han irriterat, knep ihop ögonen för att försöka somna om och komma tillbaka till drömmen. Bara för några sekunder, det skulle ha räckt, men det var lügens.

Och *lügens* var ett tyskt ord och med ens var han klarvaken. Det var idag han skulle flyga till Tyskland! Det kändes... ja, storartat. *Grossartig*, om han inte mindes fel.

Verkade lite onödigt att minnas just det ordet, men ändå.

Farbror Lennart skjutsade honom hela vägen till Arlanda. De kom fram mer än tre timmar för tidigt, men farbror Lennart sa att det bara var dumskallar och presidenter som anlände i sista minuten. De hjälptes åt att checka in den svarta resväskan med det stora gula A:et på (för att det skulle gå lättare att hitta den på flygplatsen i Berlin), kontrollerade tillsammans gate och avgångstid på boardingkortet fyra gånger medan de drack en sista kopp kaffe med wienerbröd, stängde av mobiltelefonen, placerade pass och plånbok i rätt fickor och repeterade den kommande flygresans alla tänkbara fallgropar.

När allt var klart som korvspad fick han en björnkram av farbror Lennart, så skickades han in genom säkerhetskontrollen och alla broar var brända. Det var fortfarande två timmar till avgång och det sista han hörde från sin hjälpsamme farbror var när denne med hög röst ropade att han skulle komma ihåg att gå på toaletten innan han satte sig på planet.

Vet jag väl, tänkte Arne Albin Hektor Murberg utan att vända sig om. Vem tar du mig för?

Pinkelieren muss sein, eller vad det kunde heta?

VORSPIEL II

1

Professor Anatolis Litvinas satt vid sitt skrivbord och studerade sina anteckningsböcker.

Den gröna och den röda. De tjocka svarta låg undanstuvade i garderoben så länge, det var ännu inte dags att göra bruk av uträkningarna i dem.

Ännu inte, men snart. Sex veckor och lite till, om han inte tagit miste, då måste ekvationen vara löst. Men varför skulle han ha tagit miste? Han skrattade invärtes åt tanken. Förra gången, i Auerbachs källare, hade han varit rätt ute till nittionio procent, den här gången skulle det bli hundra. Han försökte trycka tillbaka den upphetsning som svirrade inuti kroppen på honom, men det var inte lätt. När ett helt livs forskning äntligen står inför sitt genombrott är det svårt att hålla sig lugn, svårt att inte genast anträda sin flygtur mot de svindlande höjderna.

Utanför fönstret syntes ännu ingen sol, men en tidig gryning höll på att stiga över skogsranden. Klockan var halv sju på morgonen och han hade varit vaken hela natten. Inte fått en blund i ögonen, men det bekymrade honom inte. Professor Litvinas var van att klara av både en och två sömnlösa nätter, det var så det hade blivit. Det arbete han hade framför sig var av sådan dignitet och betydelse att man helt enkelt inte kunde bry sig om sådana trivialiteter som att sova.

Det kunde ha varit samma sak med maten, han skulle ha glömt bort att äta, så hade det sett ut tidigare under vissa perioder – men eftersom alla intagna serverades måltider på bestämda klockslag fick han i sig den näring som behövdes. Antog han i varje fall, sammantaget offrade han inte mer än en halvtimme per dag på frukost, lunch och middag; det fanns inte tid till mer och vad det råkade vara som han släppte ner i magen genom munnen noterade han sällan. Föda som föda.

Koncentration. Fullödig och ostörd koncentration, det var det enda som krävdes, och vad de yttre betingelserna anbelangade kunde han inte klaga. Faktiskt inte. Han fick nästan aldrig besök. Han hade ingen telefon eller dator som kunde störa. Ingen radio eller teve. Hans rum mätte tre gånger fyra meter. En säng, ett skrivbord, en stol, det behövdes inte mer. Anteckningarna och de gamla urkunderna. Fokusering.

Egen toalett och dusch dessutom, så hade det inte varit i början, när han kom hit för tre år sedan. Men så småningom hade han blivit uppgraderad, det var utan tvivel doktor Maertens förtjänst. Om professor Litvinas hade någon förtrogen på institutet så var det den skarpögde gamle doktorn, inget tvivel om den saken heller. De förstod varandra, kanske inte på alla plan, men på tillräckligt många för att en ömsesidig respekt skulle utvecklas. Två briljanta intelligenser med olika arbetsfält.

I garderoben mittemot badrummet förvarade Litvinas sina fåtaliga ägodelar: förutom skrifterna två par klädombyten och en resväska. Det var det hela, hans sammanlagda materiella liv. Alldeles tillfyllest det också; professorns paradigm rymdes inuti hans egen skalle, de yttre måtten spelade ingen roll. Sinnevärlden kunde vänta.

Ännu ett tag. De där sex veckorna; det hade tagit år att räkna fram den rätta tidpunkten, den *nya* rätta tidpunkten, fortfarande var han inte helt säker på det korrekta klockslaget, men i och med att rummet, den exakta platsen, hade blivit fastställd, borde den återstående preciseringen inte innebära någon komplikation. Rimligen inte.

Naturligtvis skulle han ha kunnat rymma, sätta sig i säkerhet någonstans, och den första tiden, det första halvåret eller så, hade han umgåtts med tanken. Alternativet hade funnits där, men snart hade han förstått att vistelsen på Majorna var en gåva att förvalta. En sorts nåd, om han nu hade trott på ett sådant begrepp; isolering var precis det tillstånd han var mest betjänt av under rådande omständigheter. Skulle så vara ända tills det var dags att stiga ut i världen vid rätt tidpunkt för att bege sig till rätt plats.

Snart, således. Mycket snart.

Det hade börjat höras ljud från nedervåningen. Litvinas rum låg en trappa upp, längst bort i den östliga korridoren. Grannen på andra sidan väggen var en före detta ledare för ett extremt högerparti; han hade dödat sin hustru med häcksax och försökt bränna upp henne i öppna spisen. Han hade varit intagen i femton år och gav aldrig ifrån sig ett pip. Det var också idealiskt, de enda ljud som nådde in till Litvinas kom genom golvet, från köket eller matsalen. Någon enstaka gång ett upprört skrik från någon annan intern, när någon substans i medicineringen inte hade fungerat eller när någon synaps i någon förvirrad hjärna oväntat blivit överstimulerad. Antalet intagna låg runt trettiofem, de flesta var mördare av något slag, men eftersom man åt på olika tider såg han sällan till mer än ett tiotal av dem, oftast samma tiotal. Han samtalade aldrig med någon av dem, han deltog inte i gymnastiken eller de förment obligatoriska samkvämen och det var aldrig någon som försökte inleda samtal med honom. Var och en befann sig i sitt eget universum, tycktes det, och den ende som Litvinas överhuvudtaget utbytte tankar med var doktor Maertens.

Men även dessa möten var sällsynta. Den senaste månaden hade de visserligen träffats vid fyra tillfällen, men det hade förstås att göra med den förestående utskrivningen.

Morgondagens utskrivning.

Eller dagens, insåg han när han höjde blicken och iakttog den bleka morgonrodnaden. Det var om knappt fyra timmar som han skulle sitta på Maertens kontor och uppträda som en normal människa. Så normal att de bägge tillresta beslutsfattarna kunde gå med på att skriva under dokumentet om hans frisläppande. Att Maertens själv skulle göra det hyste Litvinas inga tvivel om, men som sakerna stod krävdes alltså tre experters samstämmiga omdöme. Det räckte med att en obstruerade för att det skulle gå i stöpet. I så fall skulle han bli kvar på Majorna i åtminstone sex månader till och så dags skulle det vara för sent, på tok för sent.

Delikat, tänkte professor Litvinas. Alldeles förbannat delikat.

Han slog igen sina bägge anteckningsblock och suckade. Kanske bäst att sträcka ut sig på sängen och unna sig lite vila, trots allt. Mycket stod på spel, det kunde räcka med en felformulering, ett lite för skarpt svar eller en gäspning för att spräcka hela planen.

I ett sådant läge återstod visserligen möjligheten att rymma, men det var långtifrån säkert att han skulle lyckas genomföra en sådan aktion. Man skulle börja leta efter honom också, ett föga önskvärt scenario.

Om några år kommer man att kunna läsa om mig i all världens historieböcker, tänkte professor Litvinas och log invärtes. Av både den ena och den andra anledningen.

När han betraktade sitt ansikte i badrumsspegeln insåg han att leendet var väl så synligt på utsidan också, och förstod att det var något han borde avhålla sig från i andra människors närvaro. Att le.

Han noterade också att hans ansikte såg sjukligt magert ut och bestämde sig för att åtminstone avlägsna den gråsvarta skäggstubben innan det var dags för tribunalen och avgörandet. Födelsemärket i pannan kunde han inte göra något åt. Vid första anblick såg det ut som en mörkröd fjäril som slagit sig ner högst tillfälligt, och han mindes att herr Ossowsky på barnhemmet hade brukat säga att den skulle flyga iväg en vacker dag. Men herr Ossowsky var död sedan mer än trettio år och fjärilen satt där den satt, strax ovanför höger ögonbryn. Den gav hans utseende en antydan om inre obalans, särskilt när han var orakad, och galenskap som stod att läsa redan i det yttre var svår att släta över även med den mest briljanta konversation.

Men jag är inte galen, tänkte Litvinas och plockade fram hyvel och rakkräm. Jag är hundra år före min tid, det är det som är problemet.

2

"Välkommen professor Litvinas. Tillåt mig att presentera mina tillresta kolleger, doktor Falludi och direktör Klaase."

Doktor Maertens log vänligt bakom sitt stora skrivbord och Litvinas tog alla tre i hand. *Direktör*? tänkte han. Den överviktige experten i röd kavaj hade alltså ingen akademisk examen? Vem som helst kunde kalla sig direktör.

Men han kommenterade inte saken. De slog sig ner i de tre fåtöljerna som stod framför skrivbordet. Falludi och Klaase bredvid varandra, Litvinas på lite distans så att tribunalen hade honom på behagligt avstånd. Han fick ett intryck av att hans fåtölj var en smula lägre än de andras. Doktor Maertens var utan tvekan den som var mest upphöjd.

Men han kommenterade inte det heller. Lät blicken vandra mellan sina tre domare; avspänt och naturligt med en väl avvägd dos av ödmjuk förväntan. Strök med händerna över sina nyrakade kinder och gjorde en mental anteckning om att han hade full kontroll på läget.

"Professor Litvinas", inledde Maertens och lutade sig framåt på armbågarna. "Ni känner till varför vi har samlats här idag. Vi ska behandla er ansökan om utskrivning från vårt institut. Som ni vet krävs det enighet för ett sådant beslut och jag ber er besvara alla frågor vi kommer att ställa så fullständigt och sanningsenligt som möjligt... ja, det här har vi gått igenom tidigare. Har professorn några frågor angående proceduren?"

"Inga som helst." Litvinas skakade på huvudet. Lade vänstra benet över det högra och lutade sig tillbaka.

Doktor Falludi harklade sig. "Ni har tillbringat drygt tre år här på Majorna, professor Litvinas, stämmer det?"

"Korrekt", svarade Litvinas.

"Och ni blev intagen eftersom ni ansågs psykiskt otillräknelig?"

"Också korrekt. Det var en riktig bedömning i det läge som var."

"Det gläder mig att ni inser det. Men nu är ni alltså... återställd?"

"Ja."

"På vilket vis kan ni styrka den uppfattningen?"

"På vilket vis vill ni att jag ska styrka den? Jag har diskuterat saken med doktor Maertens och såvitt jag förstår är vi eniga i saken."

"Att ni är psykiskt frisk?"

"Ja."

Han kastade en blick på doktor Maertens och även om denne inte svarade så var det uppenbart att han stödde Litvinas. Direktör Klaase tog över. Han hade en egendomligt ljus röst, noterade Litvinas, nästan som ett barn. Eller en eunuck.

"Ni fick alltså diagnosen schizofreni så tidigt som 2001? Fram till dess upprätthöll ni en professur vid universitetet i Aarlach. Är det riktigt?"

"Ja."

"Vilka är era ämnen?"

"Jag har doktorerat i astronomi, kvantfysik och numerologi."

"Numerologi? Jag kände inte till att man kunde doktorera i det..."

"Jag är den förste och hittills ende. Det faller naturligtvis under den matematiska fakulteten."

"Jag förstår. Vad var det som hände 2001?"

"Ni syftar på min personliga historia?"

"Javisst. Det är ju er det handlar om, eller hur?"

"Det förefaller så, ja."

Avvägt leende i samförstånd. Kort paus. "Det som hände i september 2001 var att min hustru blev uppäten av isbjörnar på Vitön nordost om Svalbard. Jag antar att det är den händelsen ni syftar på."

Lika gärna kunde han ha sagt att Valetta försvunnit. Hon hade inte blivit offer för någon isbjörn, hon hade gått ut genom ett hål i tiden. Men han hade lärt sig vilken förklaring som var lättast att förankra hos dilettanter. Han såg att direktör Klaase tvekade om fortsättningen.

"Det måste ha varit fruktansvärt för er?"

"Ja."

"Och det var i samband med den här tragedin som er psykiska sjukdom slog ut."

"Någon tid efteråt, ja."

"Man hittade aldrig några spår efter er hustru..."

"Det var ingen som letade. Expeditionen gav sig av följande dag."

"Vad var syftet med expeditionen?"

"Vi var en grupp vetenskapsmän från olika fält. Det gjordes en serie mätningar, det finns åtminstone ett dussin rapporter som ni kan ta del av, om ni bara..."

Klaase höjde en hand. Avvärjande, ursäktande.

"Det känner vi till."

Litvinas nickade och skiftade ben. Höger över vänster. Knäppte händerna i knät. Han kunde ha lagt till att Valetta hade försvunnit exakt i samma sekund som det första av två flygplan flög in i World Trade Center på Manhattan i New York City, men det var just den typen av information som det var klokast att hålla inne med. Doktor Falludi återtog kommandot.

"Det var efter händelsen på Vitön som ni togs in på mentalsjukhus för första gången, stämmer det?"

"Någon månad senare, ja."

"Wissenaarkliniken utanför Oostwerdingen?"

"Ja."

"Och därifrån skrevs ni ut... låt mig se...?"

"Den tjugotredje augusti 2006."

"Fem år, alltså?"

"Inte riktigt."

Doktor Falludi tog av sina runda oinfattade glasögon,

vek ihop dem och stoppade dem i kavajens bröstficka.

"Och när var det dags nästa gång?"

"Ursäkta?"

"När och av vilken anledning blev ni på nytt omhändertagen?"

Professor Litvinas började känna en mild irritation. Hittills hade de bägge så kallade experterna bara frågat om sådant som gick att läsa sig till i journalerna, och han var säker på att de redan visste vilka svar som var de korrekta. Det påminde om ett skolförhör och han hade god lust att tala om för dem att de förolämpade hans begåvning och slösade bort hans tid. Under ett ögonblick lekte han med tanken på att fråga om det eksem som han tydligt kunde urskilja på Falludis hals, nedanför höger öra, var relaterat till någon sorts könssjukdom, men bedömde det som kontraproduktivt under förhandenvarande omständigheter. Istället kostade han på sig ett hastigt, mycket hastigt, leende och började förklara.

"Jag återtog min professur och upprätthöll den fram till 2012. Det var i samband med ett experiment i februari det året som jag fick ett återfall i min sjukdom."

"I Leipzig?"

"I Leipzig, ja. Auerbachs källare, jag är säker på att ni redan känner till det här."

Falludi nickade. "Naturligtvis. Men vad var det ni försökte åstadkomma egentligen?"

Litvinas funderade ett ögonblick. "Det är en smula komplicerat."

"Det är jag säker på. Två personer fick brännskador och

en hund fick sätta livet till... en pudel. Man måste ju fråga sig vilken sorts forskning som motiverar ett sådant utfall."

Nu ryckte doktor Maertens in. "Det som hände i Leipzig är väl dokumenterat. Professor Litvinas och jag har ägnat en hel del tid åt att diskutera de där händelserna. Både Vitön och Auerbachs källare. Jag tror mig ha förstått att professorn numera tar avstånd från de teorier som ledde fram till de sorgliga... misstagen."

Det var ingen fråga men Litvinas nickade ändå bekräftande. "Absolut. Uträkningarna var bristfälliga. Jag befann mig under svår stress, det kommer inte att hända igen."

Doktor Falludi betraktade honom lätt kisande under buskiga ögonbryn. Litvinas förstod att han inte var något dumhuvud, trots allt. Ingen exceptionell begåvning naturligtvis, men av helt annan kaliber än direktör Klaase i sin fåniga röda kavaj. Doktorn hade till exempel vett att hålla tyst när han inte förstod och därmed ödmjukt erkänna sin begränsning.

"Vad var det här om Faust?" frågade Klaase.

"Så ni känner till legenden?" sa Litvinas. "Ni är en beläst karl."

"Bara en smula", sa Klaase och rodnade lätt. "Ni får gärna förklara för mig."

"Jag vet inte om vi är så betjänta av det", invände Falludi. "Och vi har inte hela dagen på oss. Kanske ni skulle kunna berätta för oss om era planer istället, professor Litvinas? Vad tänker ni ägna er åt om vi nu skulle bestämma oss för att skriva ut er härifrån?"

Litvinas simulerade en stunds eftertanke. "Jag är en gammal man", sa han. "Vem vet hur länge man har kvar? Min tanke är att i all anspråkslöshet ägna mig åt studier och forskning. Jag har tryggad ekonomi tack vare arvet efter min hustru, så jag kommer inte att ligga någon till last. Jag är en man med enkla vanor, om det är något man lär sig genom att vistas på institution, så är det väl just den typen av sunt leverne..."

Ni skulle bara veta, era förbannade kretiner, tänkte han och höll på att visa tänderna. Men hejdade sig i tid. Hostade avledande istället och slog ut med händerna för att illustrera sin balanserade inställning till framtiden. Doktor Maertens antecknade något på ett papper som låg framför honom på skrivbordet och Falludi satte på sig glasögonen igen. Direktör Klaase såg plötsligt uttråkad ut. Som en bortskämd tolvåring som fått slut på godis och inte hade lust att sitta kvar på sin plats längre.

"Hursomhelst", började Maertens sammanfatta, "hursomhelst finns det inget som i dagsläget talar emot en utskrivning av professor Litvinas. Inga oegentligheter har förekommit under de senaste tolv månaderna och det finns all anledning att tro att professorn kommer att klara av ett liv i det fria alldeles utmärkt. Om vi kan besluta i enlighet med det här kommer jag personligen att hålla kontakt med honom, till en början varje vecka, så småningom en gång i månaden. Under det första året är det hela att betrakta som en försöksutskrivning. Skulle något oroväckande inträffa ser vi till att återföra honom hit. Har någon av herrarna något att invända?"

Han lutade sig tillbaka och vandrade med blicken mellan Klaase och Falludi. Klaase sög in underläppen, möjligen som ett uttryck för någon sorts ogenomtänkt tvivel, men han kom inte med några invändningar. Falludi drog i en örsnibb, den ovanför eksemet.

"Nej, jag har inget att erinra", sa han. "Det skulle i och för sig vara intressant att få en inblick i vad professorn tänker ägna sig åt för studier, men jag förstår att tiden inte räcker till för det."

"En riktig bedömning, doktorn", instämde Litvinas. "Men jag kommer förmodligen att publicera en och annan rapport, så om ni fortfarande har intresse..."

Det kommer jag inte att göra, tänkte han. Aldrig i livet. Men ni kommer att höra talas om mig på annat sätt, lita på det.

Eftersom han inte var tankeläsare kostade doktor Falludi på sig ett leende. Doktor Maertens reste sig bakom skrivbordet.

"Då så. Får jag be att professorn återvänder till sitt rum. Jag kontaktar er för ett samtal i eftermiddag och ni kan räkna med att skrivas ut efter frukost i morgon."

Professor Litvinas reste sig och lämnade kontoret utan brådska.

3

Det utlovade samtalet med doktor Maertens tog tio minuter och när han återvänt till sitt rum blev han liggande på rygg i sängen och tänkte tillbaka.

En smula framåt också, men eftersom själva tiden och tidsflödet utgjorde både råmaterialet och spelplanen för hans forskning var skillnaden mindre väsentlig. *Idag, igår, imorgon – nu, då, sedan*; efter händelsen på Vitön hade han ägnat nästan all sin tankekraft åt att penetrera dessa vardagliga och försåtligt komplexa element. När han slöt ögonen trädde Valetta fram för hans inre syn, hennes mörka skönhet och uråldriga ungdom. Han kunde se henne som liten flicka med flätor i den där byn i Transsylvanien; mot slutet av sjuttonhundratalet torde det vara men antagligen var hon äldre än så. Hennes själ hade vandrat genom många gestalter, men under de femton år de var gifta hade de inte lyckats komma längre tillbaka än så. Inte ens under seanserna i London under Mordecai Bluums ledning; de hade alla tre upplevt det som en skuffelse och de hade heller inte haft någon framgång när det gällde Georg.

Efter försvinnandet uppe i Arktis hade han inte hört ifrån henne, men det behövde inte betyda så mycket. Det skulle ha skett ett genombrott den där fördömda kvällen i Auerbachs källare, det var han säker på, men på grund av hans egenkära och indolenta medhjälpare hade det gått i stöpet. Varken Max eller Maurice hade förstått vikten av lydnad till punkt och pricka, och nu, mer än tre år senare, den sista kvällen på Majornas mentalsjukhus i Maardam, förstod han vilken som måste vara hans första prioritering.

Att hitta rätt medhjälpare.

En den här gången, inte två. Att hålla flera personer under sträng hypnos var överhuvudtaget inte tilltalande. På Vitön hade han varit ensam; det hade varit det avgörande vetenskapliga misstaget, som han sedan försökt korrigera i Leipzig. Här blev det istället för många inblandade och personundersökningen hade varit bristfällig. Inför det tredje försöket måste dessa luckor tätas; någon ytterligare chans till framgång skulle inte beskäras honom. Inte i hans nuvarande existens i varje fall, det var professor Litvinas övertygad om.

Och ingen fördömd pudel.

I Anatolis Litvinas pass och födsloattest stod att han var född i Thessaloniki 1946 men han kom inte ihåg någonting av den staden. Hans tidigaste minnen var från barnhemmet i Prag, dit han blivit skickad av sina revolutionära föräldrar för att få en gedigen uppfostran i marxist-leninistisk anda. Han hade rymt från hemmet samma dag som han fyllde tolv, redan vid den tiden viss om sin kallelse. På olika vägar hamnade han i Jena, där han som sjuttonåring skrevs in vid universitetets filosofiska fakultet. Efter fyra år hade han doktorerat med en komparativ avhandling om Frege, Russell och Wittgenstein, och som tjugotvååring fick han en docenttjänst i Leiden. Fem år senare hade han skrivit två nya avhandlingar och mottog hastigt och lustigt professuren i numerisk logik vid Aarlachs universitet – efter den omstridde Anselm Friedrich Backenhauer som avlidit efter ett slaganfall mitt under pågående föreläsning. Möjligen som en följd av ett experiment, men det rådde delade meningar om detta.

Och det var under sina år vid detta lärosäte som Anatolis Litvinas stiftade bekantskap med Valetta Pates. Först som ung studentska, sedermera som amanuens på institutionen, något senare som älskarinna och från och med 1980 som hustru. Ytterligare något senare födde hon honom en son, Georg, som dock gick bort i scharlakansfeber strax innan han skulle fylla fyra. Det var ett hårt slag, de fick inga fler barn och försökte väl egentligen inte heller.

Ett enda liv eller en fortlöpande existens, det är frågan, tänkte Litvinas och noterade att skymningen var på väg. Och det enda rimliga svaret: *både och*. Snart skulle matklockan ringa, signalen för hans sista middag på Majornas institut för sjuka i sinnet av manligt kön (som det en gång hetat och som det fortfarande stod i gotiska bokstäver ovanför entrén). Det gick att sammanfatta tillvaron på så många olika sätt, och varje sätt var lika godtyckligt.

Så mycket enklare om det fanns en gärning – en enda – som stod ut. Som en gång för alla skrev in ens namn i historieböckerna, vare sig dess redaktörer ville det eller ej.

Så som det kommer att bli i mitt fall, konstaterade han, under mitt nuvarande namn. Bara jag lyckas ta mig till den där adressen i Berlin och bara den där lägenheten fortfarande står outhyrd.

Men varför skulle den inte göra det? Ingen hade bott där de senaste arton månaderna, det hade han kontrollerat. Det hade sina skäl, folk var skrockfulla, ville inte gärna bo där någon nyligen blivit tagen av daga. Kanske hade hyresvärden ingen större lust att hyra ut heller, men när en renommerad professor erbjöd sig att betala förskott för sex månader, dessutom betydligt mer än vad som begärts, så borde arrangemanget ha alla förutsättningar att gå i lås. Han märkte att det stramade i kindmusklerna när han tänkte på denna ljusnande framtid – de ljuva, längtansfyllda preparationsdagarna fram till triumfens ögonblick – och han förstod att det var leendet som kommit smygande tillbaka. Det där ansiktsuttrycket som han bestämt sig för att hålla i schack. Utan att se efter i spegeln visste han att där fanns en släktskap med ett annat leende. Om inte ett diaboliskt, så åtminstone mefistofeliskt.

Men min optimism är välgrundad, tänkte professor Litvinas och i samma ögonblick ljöd mycket riktigt matklockan.

Imorgon kväll äter jag middag i Schöneberg.

Och jag har gott om tid att hitta en medhjälpare.

VORSPIEL III

1

Beate Bittner föddes tidigt på julaftons eftermiddag 1979 i den lilla byn Scharfhagen mellan Rendsburg och Kiel i nordvästra Tyskland. Det snöade från morgon till kväll.

Hon var den sjätte och sista i en syskonskara som i allt övrigt bestod av pojkar, den ene större, starkare och livsdugligare än den andre. De hette sådant som Detlef, Wilfred och Optimus och när lilla Beate kom hem från BB med mamma Verona stod de alla uppradade i det grönmålade huset på Pretzlinger Strasse. Vattenkammade, välstrukna och under överinseende av pappa Arnold, tillika pastor i Scharfhagens presbyterianska gren av Det Rena Livets kyrka. Genast han hörde ytterdörren gå upp intonerade han "Välkommen till världen, lilla blomman vår", en psalm komponerad av en föregångare till pastor Bittner under mellankrigstiden och alltsedan dess en av församlingens favoriter, även om den aldrig kommit med i någon officiell psalmbok. I den rymliga hallen i det gröna huset avsjöngs den nu åtminstone trestämmigt, mor och dotter föll i tvåstämmig gråt och allt var gott i den bästa av familjer.

Sedan blev det värre. Det hade möjligen sina orsaker; Beates yngste storebror hette Klaus och var redan åtta fyllda när flickan kom till världen – vem som helst kunde konstatera att här fanns ett glapp. Mamma Verona skulle snart fylla femtio och när familjens läkare, Doktor Doktor Franziskus Oliver Siegbaum-zum-Tot-und-Frieden, påstod att det möjligen var i senaste laget för en kvinna i den åldern att föda barn, så var denna bedömning åtminstone en av flera tänkbara förklaringar till att flickebarnet inte utvecklades enligt samma kraftfulla kurva som sina bröder.

Hon var klen, helt enkelt. Under de första veckorna rentav så ämlig att det hölls förbön i församlingen både bittida och sent. Kanske skulle hon flyga tillbaka till himlen innan hon ens hunnit reda sig en plats i det bittnerska boet? Kanske var hon bara en ängel på tillfälligt besök?

Så illa gick det nu inte. Lilla Beate åt visserligen dåligt och växte varken på höjden eller bredden, men livhanken behöll hon. Liten och skruttig men inte till mycket besvär eftersom hon just inte klagade; kanske för att hon inte hade krafter ens till detta.

I början sas det ofta att det var precis detta hon saknade: kraften, själva livskraften. Med tiden blev det dock uppenbart att det inte bara var Beates kropp som hade sina skavanker och brister; det var något med hennes själ också. En oro, en sorts rädsla, en ängslighet som inte hade några likheter med brödernas robusta psyken. Hon föll ofta i gråt, stilla och anspråkslöst visserligen, på intet vis krävande, men ändå. Hon sov oroligt om nätterna och slutade inte kissa i sängen förrän hon fyllt fem och mer därtill.

Inte så att lakanen behövde bytas varje morgon, men ändå.

Men ändå, men ändå. Utan riktig styrka både här och där. Vår Beate är allt en riktig liten olycka, konstaterade pappa Arnold en kväll när någonting runnit ut över köksbordet, och trots att hon inte kunde ha varit mer än tre eller tre och ett halvt vid tillfället, fastnade de orden i flickans oroliga barnaskalle.

Jag är en olycka, kunde hon ligga och tänka i sin säng i sitt rum högst uppe på vinden innan hon somnade om kvällarna. En olycka, ingenting annat än en olycka.

Du måste be till Gud så att han gör dina ben lite starkare, förmanade pappa Arnold. Inte bara då och då utan varje dag. Morgon och kväll. Din allsmäktige fader i himlen har mycket att stå i, men bara du ber dina böner ordentligt och är en snäll flicka kommer han att göra dig lika stark och duktig som dina bröder.

Och nog bad hon. Morgon och kväll, ibland mitt på dagen också, men det båtade föga. Den gode fadern verkade inte lyssna på Beate Bittner. Hennes skeva ben blev inte rakare och sjukdomarna avlöste varandra i en aldrig sinande ström. Röda hund, mässling och vattkoppor. Förkylningar och öroninflammationer som aldrig ville ge sig. I arm- och knäveck frodades eksemen och hon var magrare än frälsaren på korset. När hon hade kikhosta blev pastorn tvungen att sitta ute i vedboden och skriva predikan eftersom det skrällde så dant.

En olycka, kort sagt.

Den nye doktorn, som kom efter Doktor Doktor Siegbaum-zum-Tot-und-Frieden – vilken hals över huvud flyttat till Berlin emedan hans hustru bedragit honom med en annan – hette Josef Puttermanns och hade rött skägg. Pappa Arnold sa att det minsann inte var det enda som var rött hos honom, vad nu detta kunde betyda, och även om han emellanåt kom på hembesök i det gröna huset, var han aldrig någon välkommen gäst. Inte som den gamle doktorn hade varit.

Men det ansågs kvitta. Det som DAFIH (Den Allsmäktige Fadern I Himmelen, storebror Detlefs privata förkortning som han en gång anförtrott sin lillasyster) inte klarade av att få ordning på, det skulle man heller inte förvänta sig att doktor Puttermanns rodde iland. Där bönen hugger i sten, där slår också våra världsliga strävanden slint.

Det var mycket som Beate inte begrep. Och det hon inte begrep var hon gärna lite rädd för. Hon begrep sig inte på doktor Rödskägg, hon begrep sig inte alltid på pappa Arnold och om sanningen skulle fram så begrep hon sig inte på DAFIH heller. Han som rådde överallt, som älskade alla människor på jorden, i synnerhet människorna i Det Rena Livets församling och i alldeles särskild synnerhet barnen.

Låten barnen komma till mig, hade han sagt, ty dem hör himmelriket till. Eller också var det hans enfödde son som sagt det. Han på korset, INRI.

Fast kanske älskade varken DAFIH eller INRI små

olyckor lika mycket som de älskade andra barn. Sådana som kunde springa och hoppa och sparka till en boll eller en tom plåtburk så att den for högt över ligusterhäcken och landade i familjen Pöltzers swimmingpool. Till exempel.

Ja, kanske var det faktiskt på det viset och kanske tjänade det inte mycket till att knäppa sina nariga händer om kvällen så att fingrarna vitnade.

Och då blev man gärna lite rädd för det också. Allt det där som man inte kunde se och inte riktigt litade på men som man ändå måste hålla för sant.

2

Men där fanns en som hon inte var rädd för, ja, kanske fanns där flera, men för ingen var hon mer orädd än för morfar Eugen.

Han var lång, lite kutig och gammal och hade en gång varit gift med mormor Beatrice. Morfar påstod att hon varit världens bästa, mest begåvade och vackraste kvinna, men Beate hade aldrig träffat henne eftersom hon blivit död långt innan Beate kom till världen. Hursomhelst, varje gång morfar Eugen kom på besök till Scharfhagen brukade han och Beate dra sig undan och berätta historier för varandra eller läsa högt ut böcker. Det var för det mesta morfar som läste eller berättade, han kunde alla historier som fanns och om Beate hade fått önska sig någonting – en enda önskan, inte tre som i sagorna, det behövdes inte – så skulle hon ha önskat att hon varje kväll fått somna in medan morfar låg vid hennes sida och berättade. Om äventyr och om hemskheter som slutade bra eller om livet på de sju haven, han hade en särskild röst som liksom borrade in sig i kroppen på en medan man lyssnade. Lite hes var den, lite varm och lite murrig. Nej, den borrade sig inte in, den *smög* in. Varligt och behändigt som när en uggla bygger sig ett bo på våren. Ibland när Beate bad till DAFIH försökte hon förklara för honom att det inte alls var något fel på morfar och att om det till slut blev krig på jorden och alla människor dog utom två, så vore hon och morfar ett lämpligt par överlevande. Ja, väldigt lämpade skulle de vara.

Felet med morfar – felet som alltså egentligen inte var något fel – var tudelat: dels var han konstnär, dels drack han sprit. Eller åtminstone öl och vin, men pappa Arnold förklarade gärna att det i den rättfärdiges ögon var samma sak. Alkohol var djävulens bländverk och människans fördärv, om det var någonting man inte stack under skäppan med i Det Rena Livets presbyterianska gren så var det just detta.

Att söka sitt uppehälle genom att måla oljor var inte mycket bättre, särskilt inte som det rätt ofta förekom lättklädda eller till och med nakna kvinnor på de tavlor morfar kluddade till och sålde – och det ena plus det andra gjorde att umgänget mellan lilla Beate Bittner och Eugen Bonifatius Natale, vilket var morfars fullständiga namn, måste inskränkas till ett minimum. Dessutom bodde han ute vid havet vid Krusendorf, dit det tog åtminstone en och en halv timme med buss och nästan lika länge med bil, åtminstone om man färdades i en gammal skruttig Citroen som borde ha åkt på skroten för hundra år sedan.

Den var gulmålad som en banan och hette Josephine Baker, morfars bil, men detta namn var en hemlighet mellan morfar och Beate. Hon fick inte lov att berätta det för någon, särskilt inte för pappa Arnold, och det gjorde hon heller aldrig. Det förekom andra hemligheter mellan morfar och Beate och inte någonsin yppade hon ett endaste litet ord till någon levande människa.

Särskilt inte till pappa pastorn, som sagt. För säkerhets skull inte till DAFIH heller.

Din pappa är som han är, hade morfar sagt en gång när de låg på hennes säng mitt emellan två berättelser. Det kan varken Gud eller människor göra någonting åt. Är man tungvrickare i en tokkyrka så är man.

Beate förstod inte riktigt vad detta betydde, men ändå förstod hon. Det var ofta så med morfar; han sa saker som om man tänkte på dem lät rätt egendomliga, men om man lät bli att fundera över dem kunde de liksom ta sig rakt in i skallen på en och stanna där. Eller hjärtat.

Jag tror bestämt att du är en blå liten flicka, kunde han till exempel säga medan han drog eftertänksamt med fingrarna genom skägget. Eller: Din mamma och pappa är ett passande par, en gaffel med en godbit på. Kan du säga mig vem som är gaffeln?

Pappa förstås.

Åt sådant skrattade de länge och gott. Ett mörkt, lite bullrigt morfarsskratt, ett ljust, kvillrande Beateskratt.

När Beate fyllde sju år, på självaste julafton som alla andra år, fick hon en tavla av morfar Eugen. Den föreställde en gul häst som flög över en sjö. Det var en vacker sommardag och på stränderna till sjön var där fullt med människor och djur: apor, tigrar, elefanter, sköldpaddor, giraffer – en kamel i högklackade skor och en enhörning som spelade fjäderboll med en liten flicka som liknade Beate väldigt mycket. Hon älskade tavlan från första sekunden hon såg den och trots att det nog inte var riktigt lämpligt fick hon lov att hänga den på väggen ovanför sin säng.

Det där är din mormor, förklarade morfar och satte pekfingret på en naken kvinna som satt i en gunga med en blomsterkrans i håret längst nere i tavlans vänstra hörn. Precis så där såg hon ut när vi träffades första gången. Undra på att man blev förälskad.

Var hon verkligen utan kläder? ville Beate veta.

Alla gånger, försäkrade morfar. Och om hon inte var det så dröjde det inte länge förrän hon blev det.

Beate nickade och tänkte att så där vacker skulle hon också vilja bli en gång, med tjockt rött hår och stora bröst, men när hon trevade med händerna över sitt huvud och sin skruttiga kropp förstod hon att det nog aldrig skulle komma att bli på det viset.

Men morfar såg vad hon tänkte och sa: Du ska veta en sak, älsklingsungen min, det är insidan som räknas, inte hur man ser ut på utsidan. Din mormor var ännu vackrare inuti och det är du också.

Mamma då? undrade Beate.

Ack ja, svarade morfar Eugen med en suck. Verona var ett lika ljuvligt barn som du, men jag tror hon har gömt undan sitt ljus någonstans.

Sitt ljus?

Just precis, och lika bra är det. Sedan hon kom i lag med din pappa har hon legat i träda.

Beate visste inte vad "i träda" betydde, men hon frågade inte. Det var ännu en sådan där sak hon förstod utan att förstå.

Och utan tvekan lät det en smula sorgligt. Med en mamma som fött sex barn fast hon egentligen legat i träda hela tiden.

3

Den flygande hästen kom att hänga ovanför Beates säng i tre år. Sedan brann den upp.

Det var inte bara tavlan som brann upp utan hela det gröna huset på Pretzlinger Strasse i Scharfhagen. Elden slog till tidigt på nyårsdagens morgon och det var Beates fel alltihop. Trots att hon inte hade lov till det hade hon lämnat ett stearinljus brinnande på den lilla pallen bredvid sin säng. Och så hade hon väl i sömnen råkat putta till det, det hade fallit ner på golvet utan att slockna och snart hade lågan fått fatt i de tunna gardinerna framför fönstret.

I varje fall var det så brandsoldaterna påstod att det måste ha gått till när elden tog fart. De hade varit på plats en halvtimme efter att fru Pöltzer i grannhuset ringt och alarmerat, men det hade varit för sent. Elden hade redan fått alltför mycket fäste och ingenting stod att rädda. Det gröna huset brann ner till grunden, men alla som befunnit sig därinne hann sätta sig i säkerhet. Det var dock bara Beate som fick hoppa ut genom ett fönster och landa i ett brandsegel. Inte från sitt eget rum, där elden startat, utan från det andra vindsrummet på den andra gaveln, dit hon kravlat med lungorna fulla av rök och hjärtat fullt av panik.

När elden började hade tolv levande varelser legat och sovit i huset, däribland en fyra månader gammal Hans-Nepumuk och en tax vid namn Fimbul. Dagen före hade varit nyårsafton och man hade ätit familjemiddag. Far och mor, alla syskonen samt två ingifta fruar som hette Rosemarie och Ilona, och när Beate landade i brandseglet stod de allesammans ute på gatan och grät, utom Hans-Nepumuk som hängde i en bärsele och sov, samt Fimbul som var på villovägar i kvarteret på jakt efter ett vildsvin, ett falskt doftspår härrörande från resterna av den brinnande julskinkan.

Redan innan den första dagen på det nya året grydde hade dock hela dussinet blivit inkvarterade i Storsalen i Det Rena Livets kyrka – med varmt sött te, smörgåsar, madrasser, böner, choklad och sovsäckar, som de godhjärtade och chockade församlingsborna skrapat ihop inom loppet av några timmar. Det fanns gott om sympati och omtanke för människor som just förlorat allt de ägde och nästan allt hopp. Och Herrens vägar är som alltid outgrundliga.

Beate önskade att morfar också hade funnits där i kyrksalen men han hade firat nyår med egna vänner och kumpaner borta i Krusendorf. Istället fick hon tröst av en av de ingifta fruarna, Ilona, för pappa Arnold hade satt på sig det strängaste ansikte hon någonsin sett. Tydligen visste han redan hur elden hade startat, och det visste en annan farbror också som kom släpande med en hög grå och lite illaluktande filtar, för han sa:

Inte illa för en unge som knappt kan röra sig att bränna ner ett stort hus och nästan ta kål på hela sin familj.

Det var nog inte meningen att hon skulle höra det, men om det fanns en sak, eller rättare sagt två, hos Beate Bittner som det inte var något fel på, så var det öronen.

I över en vecka bodde familjen i sovsäckar i kyrkan. Undantagandes bröderna Detlef och Wilfred som tog med sig sina fruar, sin bebis och sin tax och åkte hem till sina icke nedbrunna hus i Bremerhaven respektive Oldenburg. Men de andra blev kvar. Pappa Arnold, mamma Verona, tre bröder och lilla olyckan själv.

Beate tyckte i och för sig inte illa om att behöva bo på det här viset i kyrkan. Tvärtom kändes det en smula spännande att laga mat i det trånga pentryt, att sätta upp sig på kölistan för badrumsbesök och att om kvällarna krypa ner i den gröna sovsäcken som doftade skog och lite svamp. Lägga sig till rätta och titta upp mot den svagt belysta altartavlan som föreställde Jesusbarnet i krubban, Josef och Maria samt de tre vise männen. Den var visserligen inte lika fin som morfars flygande häst, men ändå.

Fast riktigt bra var det förstås inte. Varken mamma Verona eller pappa Arnold pratade med henne, de tycktes ha en sorts överenskommelse om den saken och ibland kunde hon höra sin mor gråta borta i sin sovsäck om nätterna. Pappa pastorn var ofta ute i ärenden men när han vistades tillsammans med familjen såg han alltid ut som om all världens sorger vilade på hans axlar. Det kunde man ju också gott förstå, hans lilla olycka hade sett till att allt de ägde och höll kärt gått upp i rök, och det hjälpte inte mycket att de snälla församlingsborna kom dragande med både kläder och bohag dagarna i ände. Det var välvilligt men inte detsamma. Porslinet var krackelerat, alla skor för stora eller för små och mamma Verona såg tjugo år äldre ut när hon satte på sig någon av de noppiga kapporna som låg tillsammans med ett halvt ton övriga klädespersedlar i ett dystert berg på ett bord ute i vapenhuset. För egen del saknade Beate en del av sina saker, men mest av allt morfars tavla, och när han äntligen kom på besök efter tre eller fyra dagar satte hon sig i hans knä och frågade försynt om han hade någonting emot att måla en ny åt henne till nästa födelsedag. Helst en likadan eller åtminstone en snarlik och lika stor.

Inte ska du behöva vänta ett helt år på en olja, blåmesen min, svarade morfar och lovade att sätta igång med ett nytt verk av samma kaliber, så snart han bara kommit tillbaka till sin ateljé hemma i Krusendorf.

Några dagar in på vårvinterterminen fick familjen Bittner en tillfällig bostad. Deras gamla hus skulle byggas upp igen på samma plats, så hade det blivit bestämt, men eftersom det skulle dröja åtminstone ett år innan det blev färdigt så måste man ha en lägenhet under tiden.

Det blev en trerummare på Rödeberger Allé nere vid kanalen och även om ingen av bittnarna var särskilt tjock eller krävde mycket utrymme så var det i minsta laget. Mamma Verona och pappa Arnold fick ett av rummen som sängkammare förstås. Optimus och Klaus samsades i ett annat, och Günther, som var äldste hemmavarande son och möjligen snart skulle flytta ut, fick ligga i soffan i vardagsrummet så länge. Den hade mer än hundra år på nacken och hade skänkts av församlingens trotjänarinna, f.d. postfröken Adele Klinsmann, som förutom sin stora fromhet var känd som alla katters beskyddarinna. Det var därför soffan luktade som den gjorde, men pappa Arnold förklarade för Günther och alla andra att lite kattpiss hade ingen gudfruktig människa dött av. I sådana här lägen var det för övrigt en bra tumregel att erinra sig hur Job hade haft det.

Återstod frågan om var lilla olyckan skulle sova, men nästan innan det hunnit bli en fråga dök morfar Eugen upp och förklarade att Beate på momangen borde flytta ut till honom i Krusendorf. Inte för evigt förstås, bara i väntan på att det nya huset stod klart att tas i bruk. Han kunde sannerligen behöva lite trevligt sällskap på ålderns höst och såvitt han kunde bedöma hade han och Beate alltid kommit bra överens. Men givetvis var det en sak som flickan själv måste få bestämma.

För Beate var det inget svårt beslut att fatta och till slut gick även mamma Verona och pappa Arnold med på arrangemanget. Någon bättre lösning på trångboddheten fanns inte och en vecka senare flyttade hon in hos morfar Eugen i den gamla svackiga trävillan ute vid havet. Samtidigt började hon i en ny klass i Schwedenecks gamla folkskola. Denna tegelborg med mossa och korpar på taket låg inte mer än tvåhundra meter från morfars hus och behövde sannerligen nya ungar, eftersom hela bygden var en så kallad glesbygd. Skolans existens hade varit hotad de senaste trettio åren men det hade gått nästan två sekler sedan den togs i bruk för första gången.

4

Beates säng hos morfar var stor och blåmålad och stod i ett hörn av det vidsträckta vardagsrummet, som också rymde en flygel, en större mängd fåtöljer och bord, en gungstol, en palm, en uppstoppad papegoja, en halv flygplansvinge av laminerad ek samt ett tjugofemtal oljemålningar i varierande storlekar. Tre nätter av fyra hade Beate sällskap i sängen av Geraldine Patel, en lurvig hund av blandrastyp som morfar en dag för flera år sedan hittat halvdöd i sin trädgård och tagit hand om alltsedan dess. Geraldine Patel var trots sitt namn en hanhund och var han tillbringade var fjärde natt var det ingen som visste. Morfar förklarade att det var sådant man heller inte behövde veta. Han dök alltid upp lagom till frukost och alla har rätt till sina hemligheter, även hundar.

Hur kan du veta att han heter Geraldine Patel? undrade Beate.

Han berättade det en av de första kvällarna, svarade morfar. Han har inte talat sedan dess, tyvärr.

Synd, menade Beate.

Tycker jag också, sa morfar. Det är nog fem år sedan vid det här laget, men jag hörde det hur tydligt som helst. *Apropå det, så är mitt namn Geraldine Patel*, sa han. Han låg där borta vid brasan, jag satt här i gungstolen och hade just druckit ett glas konjak för att jaga en förkylning på flykten. Lyfte lite på huvudet när han sa det, sedan gäspade han och somnade om. Precis så var det.

Tänka sig, sa Beate Bittner.

Det var verkligen en fröjd att ha en hund i sin säng om nätterna. Beate tänkte att när hon en gång i tiden blev gammal nog att bo i ett eget hem, så var det det första hon skulle se till att skaffa.

En varm hund av blandrastyp.

Mycket annat var också fröjdefullt hos morfar och i Krusendorf. Att stå i köket till exempel. Hemma i Scharfhagen hade Beate aldrig deltagit i någon sorts matlagning; det var mamma Verona som hade hand om allt i den vägen, från minsta lilla hårdkokta ägg till de största grytorna med sextiofyra olika ingredienser och en nypa välsignelse. Morfar Eugens hushåll var av helt annat slag; man åt korv med tillbehör, bratwurst, currywurst eller bockwurst. Tillbehöret bestod av potatissallad, surkål eller makaroner. Senap och ketchup, förstås, kanske några små inlagda gurkor och möjligtvis en sallad på lök och tomat. Om lördagarna gräddade man pannkakor. Vispgrädde och sylt därtill, hallon eller björnbär.

Och alltid tillsammans, morfar påstod att han var trött

på att laga mat ensam, som han hade gjort i femton år, ända sedan mormor dog. Om man nu hade fått ett nytt fruntimmer i huset, visserligen ett ganska litet, så var det förstås inte meningen att man skulle hålla på och göra saker i sitt eget fisiga sällskap.

Under vardagarna satte man igång med köksjobbet så snart Beate kommit från skolan, och medan man stod vid spisen och donade berättade man historier. Beate brukade först tala om vad som förevarit i skolan, hur tokig den tokiga lärarinnan, fröken Knacknagel, hade varit, vad tvillingarna Grünbaum ställt till med, den ene eller den andre eller bägge två, hur många tal hon hunnit med i räkneboken och hur Tysklands nya karta såg ut. Morfar kommenterade och hade synpunkter och sedan berättade han gärna en historia ur sin levnad. Om platser som han och mormor rest till, om tavlor han målat och sålt till hutlösa priser eller alltför billigt, och om hur konstiga konstnärer kunde vara när de fått lite för mycket vin i kroppen och det begav sig. Särskilt om landskapet Provence i Frankrike talade han gärna, för där hade han och mormor tillbringat en stor del av sin ungdom.

Ack, Provence, brukade han sucka och få någonting vemodigt i blicken. Beate förstod att det var ett magiskt land och tänkte att någon gång i sitt liv skulle hon resa dit och se efter.

Sedan åt de, sedan gjorde Beate läxor medan morfar sov middag eller målade en stund. Efter kvällsteet trängde de ihop sig alla tre, morfar, Beate och Geraldine Patel i den blå sängen och så läste morfar högt ur någon bok.

Varje kväll. När Beate senare i livet tänkte efter kunde hon bara komma på att de försummat högläsningen en enda gång under de fyrahundratio nätter hon bodde tillsammans med morfar Eugen.

En enda.

Skolan var också bra, bättre än den i Scharfhagen, tyckte Beate, även om hon aldrig fick någon riktigt nära vän. De som kom närmast var nog systrarna Trussner, som bodde i en platt modern villa mitt emellan morfars hus och skolhuset. Beate var jämngammal med Frida, den yngsta av flickorna, men hon tyckte egentligen bättre om Ute, som var drygt ett år äldre. Kanske berodde det på att Ute också var en smula klen. Hon hade något fel med ena benet, det slängde lite som det ville när hon gick och hon var liksom Beate befriad från gymnastiken. Nåja, helt befriad var ingen av dem, men istället för att delta på de andra barnens villkor fick de oftast ägna sig åt egna lite mindre ansträngande aktiviteter. Promenera fram och tillbaka till havet, till exempel, och ta reda på om det var svinkallt eller bara kallt i vattnet – i deras takt tog det i stort sett en lektion. Eller spela kula med varandra. Eller sitta i biblioteket och läsa, helt enkelt. Man gick två årgångar i varje klass och gymnastiktimmarna var alltid gemensamma.

När jag blir rik ska jag åka till Amerika och köpa ett nytt ben, brukade Ute anförtro Beate. Jag har en morbror där, han bor i en stad som heter Baltimore. Sen ska jag bli dansare eller cirkusartist.

Beate kunde inte undgå att tänka att Ute nog var en smula enfaldig. Men hon sa det aldrig högt, inte till Ute och inte till någon annan heller. Vi som är lite skröpliga måste hålla ihop, resonerade hon. Vi som aldrig kommer att hoppa över en höjdhoppsribba och aldrig kommer att kunna springa ifrån en rånare som hejdar oss i en mörk gränd och snor vår portmonnä. Vi, de svaga.

För hon blev allt skröpligare, Beate Bittner, det var den bistra sanningen. Två gånger åkte hon och morfar till en läkare i Kiel, som undersökte henne från topp till tå och med alla till buds stående medel. Röntgen hit och röntgen dit, böja och sträcka och klämma, blodprover och bajsprover och kissprover och gudvetvad. Efter det andra besöket på mottagningen förklarade morfar att det fick vara nog. Läkevetenskapen stod och stampade på artonhundratalet, påstod han, här gällde det att lita till försynen, frisk luft och lite jäklar anamma. Förresten behövde väl inte varenda människa kunna springa maraton heller. Eller välta en ko.

Till sommarlovet hade det varit tänkt att Beate skulle åka tillbaka till familjen i Scharfhagen, men eftersom de fortfarande bodde kvar i sin trerummare och Günther ännu inte lyckats flytta hemifrån (och eftersom det nya huset ännu så länge bara var en femtio centimeter hög betongplatta som såg tristare ut än en ishockeyrink i juli), så blev det bestämt att morfar och Beate fick ta itu med sommaren på egen hand. Frisk luft, som sagt, till och med pastor Bittner insåg att närheten till havet kunde göra flickan gott.

Finemang och då så, sa morfar. Lika barn leka bäst. Jag har en båt på gång.

Fast båten nämnde han inte för pastorn.

Det blev Beates bästa sommar och morfars sista. Det senare visste de förstås inte om när de seglade runt i Eckernfördebukten, när de tältade och tände lägereldar i trakterna av Langholtz eller låg på nattsvaj utanför Aschaulagunen. Det var ingen större båt som morfar hade lånat, men den var lätthanterlig och den var precis lagom för två personer och en hund av blandrastyp. Morfar hade seglat en hel del i sin ungdom och de begav sig aldrig längre ut på Östersjön än att de hade land i sikte. Strandhugg där det begav sig, proviantering när det behövdes och sedan tog de dagarna som de kom.

Morfar tyckte om att säga just det. Om man bara lär sig att ta dagen som den kommer, har man lärt sig det viktigaste här i livet.

Han hade med sig några dukar och sin målarlåda förstås. Havet kan man måla tusen gånger om utan att förstå sig på det, poängterade han för Beate när hon satt bakom hans rygg och kikade.

För att inte tala om strandrågen och himlen.

För att inte tala om ett annalkande åskväder från nordväst.

Men han målade inte bara havet. Han målade också den nya flygande hästen åt Beate, som han av någon anledning inte kommit igång med förrän nu. Häst nummer två var röd och den flög inte över en sjö utan över ett torg i en stad, men torget var fullt av människor och djur och stolligheter och de tyckte båda två att tavlan var minst lika bra som den förra, den som hade gått upp i rök.

Medan morfar målade hände det att Beate låg i en grop i dynerna och läste. Oftast i sällskap men Geraldine Patel, som hade börjat bli till åren och tyckte alltmer om att ligga stilla och vara huvudkudde. Och det var under en av sommarens sista dagar som Beate började på en bok som hon lånat på biblioteket i Eckernförde och som hon under de kommande åren, särskilt sedan morfar dött, skulle återvända till åtminstone en gång i månaden.

Den hette *Bröderna Lejonhjärta* och var skriven av den svenska författarinnan Astrid Lindgren.

5

Det första tecknet kom i december. De hade varit och handlat på köpcentret i Gettorf, och precis som de lastat in kassarna med korv och övriga förnödenheter i Josephine Baker tuppade morfar Eugen av. Han segnade ner bredvid bilen ute på parkeringen, helt enkelt, och Beate och Geraldine Patel stod lika handfallna bägge två. Det dröjde inte många sekunder förrän morfar kvicknade till, men de förstod nog alla tre att det var allvarligare än vad han ville ge sken av.

Aj fan och hoppsan, sa han, pressade en hand mot hjärtat och försökte sig på ett skratt. Det lät mera som kraxandet från en kråka, tyckte Beate, och det tog säkert fem minuter innan han kunde stå på benen igen. När de kom hem var han tvungen att gå och lägga sig, men innan han somnade förbjöd han henne å det strängaste att blanda in någon sorts doktor. Beate fick både laga middagen och äta den själv, för morfar vaknade inte förrän klockan tio nästa förmiddag.

Det var alltså den här kvällen som högläsningen

försummades. Kvällen efter den första varningen.

Den enda varningen.

Jag är ju för tusan över åttio, förklarade han nästa morgon. Man har rätt att ha sina svackor. Den som väntar på den rätte ska sitta under guld.

Det där sista förstod inte Beate. Men nästan hela natten hade hon legat vaken och bett till DAFIH och INRI att morfar inte skulle dö. För ovanlighetens skull hade Geraldine Patel sovit hos morfar, inte hos Beate, bara en sådan sak måste ju betyda något. Hundar vet mer om saker och ting än vad människor kan ana.

Men jul och nyår passerade utan några nya svackor. Januari, februari och halva mars också. Rapporterna bortifrån Scharfhagen tydde på att det nya huset nog skulle vara inflyttningsklart i juni; det hade blivit försinkat med ett halvår, men det var sådant som hände. Beate visste att vårterminen skulle bli den sista hon fick bo med morfar i alla händelser, den sista terminen hon skulle få gå i Schwedenecks skola, och ju längre man kom in på året, som hette 1991, desto sorgligare kändes det. Både hon och morfar blev sämre till hälsan också, morfar drogs med skrällhosta och ont i bröstet och Beates ben bar henne allt sämre. Ibland kunde det kännas som om hon också var över åttio. Det var nästan så hon önskade att det hade varit så på riktigt.

Att hon hade varit sin mormor istället för sig själv och att hon levt ett långt liv ihop med morfar, inte bara ett drygt år. I Provence och på andra ställen runt om i världen. Det var en konstig tanke och hon berättade den aldrig för honom.

Och så, den sjuttonde mars, tog det slut. När Beate kom hem från skolan låg morfar Eugen framstupa på köksgolvet med armarna utsträckta efter kroppen. Huvudet var vridet åt sidan och hans ena öga, det som var uppåtvänt, stirrade tomt in i väggen. Geraldine Patel låg vid hans sida och gnydde svagt och Beate förstod med en gång att det var döden som låg där. Döden och en varm hund av blandrastyp.

Hon var elva år och tre månader gammal och när hon sjönk ner på golvet bredvid morfar och hunden kändes det som om hon aldrig skulle orka resa sig igen. Eller ville. Vad skulle det tjäna till?

Vad skulle någonting tjäna till?

Men livet hankade sig vidare. På något vis. Morfar begravdes och trots allt kom Beate att bli kvar i Krusendorf ända tills skolan tog slut i mitten av juni.

Det löstes på det sättet, eftersom Günther hade skaffat en flickvän och var på väg att skaffa ett eget ställe att bo på. Och i väntan på att ett sådant ställe dök upp passade det bra att de flyttade in i morfars hus ett par månader. Det gick ju inte an att låta en sjuklig elvaåring bo ensam och allena – visserligen med en hund – det kunde vem som helst förstå. Dessutom var mamma Verona tvungen att vänta på att hennes syster Magda, Beates moster, kom hem från Australien så att man kunde kontakta en mäklare och få den fallfärdiga gamla kåken såld.

Beate kom inte särskilt bra överens med Günther, det hade hon aldrig gjort, men hon tyckte om hans flickvän, som hette Maja och kom från Ystad i Sverige. Av Maja lärde hon sig en del ord på svenska och det hände också att de läste *Bröderna Lejonhjärta* tillsammans – högt för varandra och på båda språken. Det var bägges favoritbok och eftersom Günther ofta jobbade både kvällar och nätter – inne i Kiel på något slags advokatkontor, trots att han sannerligen inte hade någon vidare utbildning – så hade de gott om tid för varandra, Beate och Maja.

Men saknaden efter morfar var stor. Åtminstone tre gånger i veckan tog Beate med sig Geraldine Patel och gick till graven. Den låg på kyrkogården i utkanten av byn, ibland var det svårt att få med sig hunden därifrån. Varje gång de var där lade han sig platt på mage och med slutna ögon mitt uppe på graven, det var inte svårt att inbilla sig att han faktiskt hade kontakt med sin älskade men döde husse.

Vi kan inte åka till Nangijala riktigt än, viskade Beate i hans öra när det började bli dags att gå hem. Men snart, det lovar jag dig. Morfar måste få tid på sig att bygga färdigt din hundkoja i himlen först.

Det brukade Geraldine Patel motvilligt acceptera och när Beate tittade in i hans trötta, kloka ögon förstod hon att han mycket väl kände till både Skorpan, Jonatan och Körsbärsdalen. Och att det var just därför som han inte hade lust att stanna kvar i Krusendorf längre än nödvändigt.

Vid midsommartid stod det nya huset i Scharfhagen klart och Beate lämnade Krusendorf tillsammans med Günther och Maja. Två dagar tidigare hade Geraldine Patel försvunnit; det var avtalat att en granne skulle ta hand om hunden, men hur man än letade fick man inte korn på honom. Inte ens på kyrkogården fanns några spår av honom, men Beate visste förstås vad hon visste. Geraldine hade förenats med sin husse. Hon visste också att det inte var någon idé att försöka förklara saken för någon annan. Maja skulle kanske ha förstått, men för säkerhets skull lät hon bli att prata med henne också om hundens vidare öden. Man behöver inte sätta ord på allt mellan himmel och jord.

Trots att det var sommar när Beate återvände hem hade hon stora problem med sina ben. De var svagare än någonsin och på nätterna hade hon värk i dem, åtminstone i det högra. Dessutom hade resten av kroppen känts alltmer skruttig ända sedan morfar dog, och det blev snart bestämt att ett nytt sjukhusbesök var av nöden. För egen del hade hon tappat tron på läkekonsten, i varje fall på att den skulle kunna åstadkomma någon förbättring för hennes del, men hon höll god min. I början av augusti, en av årets hetaste dagar, åkte hon med mamma Verona till ett nytt sjukhus i Hamburg, blev kvar i tre dagar och träffade tre nya specialister.

Mamma Verona blev också kvar på sjukhuset, och när de satt på tåget tillbaka mot Scharfhagen hade de i varje fall med sig ett papper där det stod en diagnos.

Strümpel-Lorrains sjukdom

Där fanns också en ganska sorglig prognos. Beate skulle inte bli bättre, eftersom det inte fanns något fungerande botemedel mot Strümpel-Lorrain. Man dog inte av det, men musklerna i benen skulle bli sämre och sämre och de sneda fötterna skulle bli ännu snedare. Även om hon försökte dölja det, så fanns där tårar i mamma Veronas ögon. Beate såg det hur tydligt som helst, men hon ville inte göra henne ledsen genom att säga något. Det var naturligtvis trist att vara mamma åt en sådan ämlig unge, det kunde vem som helst begripa.

Vi får be om ett mirakel, deklarerade pappa Arnold samma kväll. Glöm inte att Jesus väckte upp döda och fick lama att gå. Du måste be dina böner ordentligt och sätta all tillit till din allsmäktige fader.

Beate gjorde så gott hon kunde i detta avseende, beskrev läget för både DAFIH och INRI och bad om deras hjälp, men det fungerade dåligt. Under större delen av höstterminen blev hon liggande hemma i sin säng och läste. Det var ingenting hon hade särskilt mycket emot, böcker kom både från biblioteket och från skolan en gång i veckan och även om det fanns andra som ömkade henne, så ömkade hon aldrig sig själv. Det fanns en värld i böckerna som det var lätt att kliva in i och ofta kunde det gå både timmar och hela eftermiddagar utan att hon lade märke till tidens ström.

Hon läste om Tom Sawyer och Huckleberry Finn.
Om Sotarpojken.
Om Onkel Tom och Anne på Grönkulla.

Och *Bröderna Lejonhjärta*, ja, den historien kunde hon numera nästan utantill. Det hände till och med att hon försökte läsa den på svenska, eftersom hon fått Majas bok som present när de skildes åt.

Över sängen hade hon morfars flygande häst nummer två. Den röda. Det går verkligen ingen nöd på mig, tänkte Beate Bittner. Vad än folk har för sig. Ingen nöd alls. Och jag är faktiskt inte rädd längre.

Ett par dagar in i december stannade en vit skåpbil på gatan utanför huset på Pretzlinger Strasse. Från sin något upphöjda sängplats kunde Beate se hur en tjock herre med en rykande pipa i munnen lyfte ut en rullstol, och hur han tillsammans med mamma Verona och yngstebror Klaus macklade med den en stund och fick den körklar.

Stolen visade sig heta *Hary* och under de närmaste åtta åren kom hon att tillbringa större delen av sin vakna tid i den.

FÖRSTA DAGEN

1

Damen som suttit på platsen till vänster om honom under hela resan och löst korsord vände sig mot honom och sa någonting som antagligen skulle föreställa tyska.

"Genau", svarade Arne och knäppte upp säkerhetsbältet, eftersom han såg att damen just gjort det och antog att det var det hon uppmanat honom till.

Man hade hursomhelst landat och planet stod stilla. Folk hade börjat resa sig och grävde i bagageutrymmena ovanför sätena, det var ett liv och ett kiv. En gammal dam tappade en fullknökad plastkasse i huvudet på en något yngre dam, en man i helskägg och runda glasögon ropade något som lät som "Schnapps, Schnapps, Schnapps!" åt någon som befann sig längre bak i planet och en handfull utspridda bebisar hade börjat skrika. Arne kände efter i fickorna på kavajen att varje sak låg på sin plats. Sedan reste han sig, lyckades tränga sig ut i gången och få fatt i sin lilla ryggsäck, den gulsvarta med ett klistermärke från Tivoli i Köpenhamn som faster Polly försökt skrubba bort utan att lyckas.

Jag följer bara efter alla andra, repeterade Arne inuti sitt huvud medan han stod och svettades mellan damen som fått kassen i huvudet och en flintskallig man som luktade vitlök och såg dödligt dyster ut. Först blir det passkontroll, fast den kan vara avskaffad, sedan ska jag titta på skyltar så jag hittar till det där stället där min väska kommer att åka runt på ett band. Det är ingen brådska med någonting. När jag hittat väskan ska jag gå ut genom en grön utgång, jag har ingenting att de... vad heter det? Deklarera, tror jag. *Deklarieren*? Därefter ska jag leta efter en taxiskylt och ställa mig i en kö. Hålla fatt i både väskan och ryggsäcken. Inte glömma bort att ha koll på bägge två hela tiden. Det är ingen brådska med någonting, det har jag redan sagt, oj, nu är det visst min tur att sätta fart... ut ur planet, nu är man i Berlin. Tänka sig.

Ungefär en halvtimme senare, det vill säga klockan 17.30, svensk och tysk tid, satt han i baksätet på en blekgul taxibil som höll på att snirkla sig ut från flygplatsen Tegel. Taxichauffören, en mörklagd tystlåten man, hade tagit emot hans lapp med hotellets namn och adress utan ett ord, och satt nu och tuggade på något slags små kärnor eller frön som stod i en papperspåse mellan stolarna i framsätet. Det fanns en lukt i bilen som Arne tyckte sig känna igen, någonting som hade med havet att göra, men han kom inte på vad. Han försökte också komma ihåg namnet på hotellet där han skulle bo och till slut dök det upp: Hotel Munck. Men samtidigt kände han hur en stark trötthet smög sig på honom, han gissade att den kom sig av hur ansträngande hela den här dagen hade varit för hans stackars haltande hjärna, och han bestämde sig för en liten tupplur under färden in mot centrala Berlin. Farbror Lennart hade sagt att taxiresan skulle ta åtminstone en halvtimme, så varför inte passa på?

Han väcktes av taxichauffören som hade öppnat bakdörren och stod och väntade på att han skulle stiga ur. Han sa något med siffror i, Arne förstod genast att det gällde hur mycket resan hade kostat och sträckte fram en femtioeurosedel, precis som farbror Lennart instruerat honom. Chauffören tog emot den och skakade på huvudet. Sträckte upp alla fem fingrarna i luften och sa något.

Arne tog upp plånboken igen och fick efter en stunds trevande fram en tioeurosedel. Chauffören tog emot den också och såg plötsligt betydligt gladare ut. Stoppade båda sedlarna i fickan, öppnade bagageluckan och ställde Arnes resväska på trottoaren.

"Auf Wieder...", sa Arne. "Danke."

Chauffören svarade något på obegriplig berlinerslang och hoppade in i bilen.

Taxin försvann. Arne såg sig om. Det var en smal rak gata kantad av diverse hus och träd på bägge sidor. Hotellentrén var svagt upplyst och det stod mycket riktigt *Hotel Munck* i en guldfärgad båge i dörrglaset. Utan tvivel hade han kommit till rätt ställe och precis som farbror Lennart instruerat honom bestämde han sig för att checka in med en gång.

Det hette så. *Checka in*. Arne tyckte det lät modernt och snitsigt och de två unga damerna som stod bakom en hög, polerad disk och väntade på honom såg också moderna och snitsiga ut. Han ställde ner sin resväska på golvet och vände sig till dem bägge två.

"Guten Abend. Isch bin Arne Murberg... Schweden."

Den ena av dem, som var blond och hade små runda glasögon med blåa bågar, sa något som han inte uppfattade, men han antog att hon hälsade honom hjärtligt välkommen.

"Murberg?"

Hennes uttal var dåligt men han förstod ändå vad hon sa.

"Jawohl."

Hon knappade på några knappar och tittade in i en dataskärm. Sedan nickade hon och sköt över en blankett och en penna åt honom.

"Spreche nicht so gut Deutsch", sa Arne.

"Passport", sa damen.

Arne plockade upp sitt pass ur fickan. Hon tog emot det, bläddrade några sekunder i det och lämnade tillbaka det.

Det här går som smort, tänkte Arne och kostade på sig ett kort skratt när han råkade tappa passet på golvet.

"Scheisse..."

Blondinen skrattade hon också och när han rätat på ryggen fäste hon hans uppmärksamhet på blanketten. Sa någonting som han uppfattade som "adress", och efter några sekunders pekande och otydliga instruktioner förstod han att han skulle skriva sin adress på en rad där hon satt ett litet kryss. Han kom också plötsligt ihåg att farbror Lennart pratat om den detaljen. Han nickade och log igen och bägge damerna log tillbaka. Han plitade dit Frithiofs gata och K- med postnummer och hela faderullan och sköt tillbaka blanketten.

"Unterschrift bitte."

"Va?"

Hon pekade på en ny rad.

"Unterschrift. Ihre name... name."

"Namn?"

"Genau."

"Genau", svarade Arne och skrev sitt namn med slängiga men ändå prydliga bokstäver.

I och med detta tycktes det hela vara klart. Han fick ett plastkort i en liten pappersficka, damerna pekade med var sin hand mot en hiss, som var belägen till vänster i en kort korridor, och förklarade genom att hålla upp tre fingrar vardera i luften att hans rum var beläget på tredje våningen. Arne nickade belåtet och stoppade plastkortet i bröstfickan. Hur hissar fungerade var han tämligen bekant med. En av damerna, den brunhåriga utan glasögon, kom ändå runt disken och följde med honom. Öppnade hissdörren åt honom och sa med hög och tydlig röst:

"Drei, eins, zwei. Verstehen Sie? Three, one, two!"

Hon pekade på hans bröstficka. Arne tog upp det lilla papperskuvertet igen, och där stod mycket riktigt siffrorna 3, 1 och 2. Rum nummer 312, klart som korvspad.

"Gut!"

Det kunde man alltid klämma till med, hade farbror Lennart sagt. Damen tryckte på en knapp med en trea på, log på nytt emot honom och stängde hissdörren.

Väl uppe på tredje våningen blev han stående en stund utanför trehundratolvan innan han förstod hur plastkortet fungerade, men när han dragit det upp och ner i den smala skåran på dörren några gånger klickade det till i någon hemlig mekanism därinne och han kunde ta sitt hotellrum i besittning.

Kein Problem, tänkte Arne Murberg. Inga problem överhuvudtaget. Vänliga människor i den här stan. Vänliga och hjälpsamma. Isch bin ein Berliner.

2

Han tillbringade en knapp timme med att packa upp och göra sig hemmastadd. Rummet var på alla sätt till belåtenhet. Där fanns en teve på väggen, ett skrivbord med stol, en onödigt bred säng med gult överkast och nattygsbord på båda sidorna. Vidare en garderob, ett kylskåp med små flaskor och choklad, ett litet kassaskåp som han inte förstod sig på men skulle undersöka noggrannare imorgon, samt ett lyxigt badrum med både dusch och badkar. Små flaskor med tvål och schampo och en myckenhet av handdukar.

Förnämligt, tänkte Arne och efter att ha tömt ur hela resväskan i garderoben satte han sig vid det lilla skrivbordet och komponerade ett sms till farbror Lennart. Det tog en stund trots att de hade tränat åtskilligt på det, men till slut fick han iväg meddelandet. Trodde han i alla fall, det borde i så fall komma ett svar som bekräftelse om ett tag.

har landat har checkat in rummet är skitfint nu går jag ut och käkar middag kein problem arne

Klockan var halv åtta när han åter stod ute på gatan. Visserligen hade han lagt märke till att där fanns en matsal i hotellet, men han tänkte att det kunde vara dags att upptäcka lite mer av Berlin och bestämde sig för att leta reda på en trevlig restaurang. Det hade gått åtskilliga timmar sedan han åt något, en torr smörgås på planet och femton fågelfrön, så det var sannerligen hög tid att få någonting i magen.

Mörkret hade sänkt sig över staden men det var inte särskilt kallt. Ganska folktomt var det emellertid, Arne funderade på var alla de fem miljonerna människor som enligt farbror Lennart bodde här höll hus egentligen. Han gissade att de satt hemma och glodde på teve, förmodligen på någon fotbollsmatch, tyskarna var ännu galnare i fotboll än svenskarna, enligt uppgift. Eller kanske hade de redan hunnit ta plats på de arton tusen restaurangerna, farbror Lennart hade nämnt den siffran också. Eller om det var hundraarton tusen?

Det kvittade. Huvudsaken var att han hittade ett av alla dessa matställen och han funderade en stund på åt vilket håll han borde gå. Kartan låg kvar uppe på rummet, så det var säkrast att inte bege sig ut på för långa vandringar. Men han hade fortfarande lappen med hotellnamnet och adressen i fickan om han skulle komma bort sig. Plånbok och pass låg också där de skulle, men mobiltelefonen befann sig uppe på rummet för att laddas.

Full koll, tänkte Arne. Jag har full koll på saker och ting. Han höjde blicken och såg sig omkring.

Fasanenstrasse. Det satt en skylt på husfasaden i gathörnet som bekräftade att gatan hette precis som den skulle heta. Fast det var felstavat i slutet, ett *f* och en 3:a såg det ut som. Ingenting att hänga upp sig på dock, han började gå åt det håll där det verkade mest upplyst. Om jag bara följer Fasanenstrasse rakt fram på den här sidan tills jag kommer till en restaurang, tänkte han, så kan jag gå samma väg tillbaka när jag har ätit. Jag menar åt *det här* hållet. Jag kommer snart att hitta i den här stan som i min egen ficka.

Han kände att han var ordentligt hungrig nu och hoppades att det skulle stå köttbullar med potatismos på menyn.

Det gjorde det inte. Inte såvitt det kunde bedömas i varje fall. Restaurangen hette Martinus, han hade gått över två eller möjligen tre tvärgator för att komma dit och vad de olika rätterna på menyn egentligen bestod av var en smula oklart. Men det var gott om plats i lokalen, han satt ensam vid ett mörkt träbord invid en vägg full av små inramade fotografier med alla möjliga glada människor på och det brann ett stearinljus framför honom. Han kunde inte riktigt minnas när han senast satt på restaurang, men gissningsvis var det på den där kanarieholmen.

Det var en ung flicka som hade visat honom plats och gett honom menyn. Han bläddrade försiktigt i den, det rörde sig om uppemot sju sidor, men snart förstod han att de sista tre handlade om vad man skulle dricka till maten. Dessutom var en sida fylld av enbart efterrätter. Han återvände till maträtterna och plötsligt var det en han kände igen. *Wienerschnitzel*. I samma ögonblick var flickan tillbaka, han tänkte att hon såg ut som en japanska eller en kinesiska och om hon hade pratat svenska skulle han kanske ha frågat henne hur i hela världen hon hade hamnat i Berlin.

Hon sa något som han inte uppfattade. För enkelhets skull svarade han "ja, ja". Hon försvann ut genom den dörr hon kommit in igenom och som han antog gick till köket.

Finemang, tänkte Arne Murberg. En redig wienerschnitzel är precis vad man behöver när man rest så långt som jag.

Japanskan (han bestämde sig för att hon var från Tokyo, han kände till att huvudstaden i Japan hette så) kom tillbaka med ett glas rött vin som hon placerade framför honom på bordet. Hon log hastigt mot honom och sa något. Det kunde lika gärna ha varit japanska för han förstod ingenting. Men eftersom hon stod kvar gissade han att hon ville veta vad han tänkte äta. Han satte fingret på wienerschnitzeln och höll upp menyn så att hon själv kunde läsa. Hon log, nickade och lämnade honom igen.

Trevlig ung dam, tänkte Arne. Verkligen.

Han betraktade vinglaset. Det var stort, bukigt och ungefär halvfyllt. Han undrade om han hade beställt det genom att säga "ja, ja", eller om det ingick som något slags måltidsdryck till alla rätter. Han hade för sig att det hade varit på det viset på den där finlandsfärjan. I vilket fall som helst förstod han att det innebar ett litet problem. *Möjligen*. Han var inte van att dricka alkohol och de få gånger han gjort det hade han inte mått särskilt bra av det. Både pappa Torsten och farbror Lennart hade sagt att det inte var något för honom; själva brukade de ta sig ett glas då och då, faster Polly också för den delen, men det var något med Arnes blod som gjorde att han borde hålla sig borta från starka drycker. Kanske hade det med olyckan att göra också, han visste inte.

Nåja, tänkte han. Ett litet glas vin kan väl inte skada.

Även om det var ganska stort. I väntan på att schnitzeln skulle anlända från köket tog han en klunk. Det smakade inte så dumt. De har förstås en annan sorts vin i Tyskland, tänkte han, ett vin som passar mitt blod bättre. Det känner farbror Lennart inte till. Han tror ... han tror att han vet allt men det gör han faktiskt inte.

Kunde vara lite irriterande emellanåt om sanningen skulle fram, alla dessa kunskaper som farbror Lennart inbillade sig att han hade om allt möjligt. Skönt att vara på egen hand för en gångs skull, konstaterade Arne. Får man bara fundera i sin egen takt blir det faktiskt ordning på det mesta. Förr eller senare, så är det minsann.

Han tog en klunk vin till och lutade sig belåtet tillbaka.

En timme senare hade han avslutat såväl sin wienerschnitzel som en efterrätt bestående av en stor tårtbit med en halvliter saftsås över. Druckit ett glas sött vitt vin ovanpå det röda och kände sig mätt, trött och tillfreds med tillvaron. Det var fullsatt i den ganska trånga lokalen vid det här laget, japanskan hade fått sällskap av en vanlig tyska och bägge två sprang som tättingar mellan de olika borden för att hinna med alla beställningar och önskemål. Arne kände sig utmärkt till mods, folk skrattade och hade det trevligt runtomkring honom, det var som om han hade hamnat i världens själva mittpunkt, men han beslöt ändå att det kunde vara dags att betala notan och återvända till hotellet. Klockan närmade sig halv tio och i vanliga fall brukade han sällan gå och lägga sig efter tio.

Inte för att den här kvällen var något vanligt fall, men ändå.

Betalningen tog en stund eftersom han provade på att använda plastkortet som farbror Lennart utrustat honom med. Det fungerade inte, trots att både han själv och japanskan försökte slå in den där koden – 1981, Arnes födelseår – i maskinen. Till slut betalade han med riktiga pengar och tänkte att det var precis som hemma i tobaksaffären; de hade en sådan där apparat där också, men pappa Torsten och farbror Lennart såg alltid till att den var trasig och det visste folk om. Det hände aldrig att någon kom och försökte använda sådana där fördömda kort.

När notan till slut var avklarad reste sig Arne för att lämna sitt bord och då hände något överraskande. Knappt hade han rätat på benen förrän det snurrade till i skallen på honom och innan han visste ordet av låg han pladask på golvet.

Saticken också, tänkte Arne Murberg. Vad var det som hände?

Den tyska servitrisen och en man i rutig skjorta kom

snabbt till undsättning. Fick honom på benen, höll honom under var sin arm och började ställa en rad obegripliga frågor. Han märkte att rummet gungade en smula men efter några sekunder stabiliserade det sig.

"Sind Sie okay?"

Det förstod han.

"Alles Ordnung", sa han. "Schlafen."

Han visste inte själv om han menade att han hade somnat eller att han behövde sova, men åtminstone rutskjortan verkade fatta läget och började försiktigt leda iväg honom mot utgången.

"Schlafen", upprepade Arne. "Auf Wiederschnitzel."

Han kände sig redan bättre och rutskjortan skrattade. Höll upp dörren åt honom och i nästa ögonblick stod han ute på trottoaren där en frisk vind omedelbart grep tag i honom och gjorde honom klar i huvudet.

"Okay?" upprepade rutskjortan.

"Okay, isch bin Schweden", svarade Arne och rutskjortan återvände in på restaurangen.

Kanske var han inte riktigt klar i huvudet ändå, för han kunde omöjligt komma ihåg från vilket håll han kommit. Höger eller vänster, det var frågan; han visste i varje fall att när han väl hittat riktningen behövde han bara gå rakt fram, korsa ett antal gator och förr eller senare skulle Hotel Munck dyka upp ... *Fasanenstrasse*, just det, det satt en skylt på fasaden snett ovanför restaurangen. Felstavat på slutet här också. Han hade åtminstone kommit ut genom samma dörr som han gått in igenom.

Han fick fundera en stund innan han hittade lösningen

på problemet. Kanske borde han ha konsulterat Perry Mason, men det kändes inte som om det behövdes; man skulle heller inte störa Perry i onödan, han kunde ha viktigare saker att syssla med. Mord och kidnappningar och sådant.

Men om han alltså valde den ena riktningen, vilken av dem som helst, och fortsatte över några tvärgator, fyra eller fem, kanske, för att vara på den säkra sidan – och om hotellet vid det laget inte hade dykt upp – ja, då fick han helt enkelt vända om och gå tillbaka åt andra hållet. Alternativet var att be någon inne på Martinus ringa efter en taxi, men det kändes inte lämpligt, dels med tanke på att han inte visste hur man formulerade en sådan fråga, dels med tanke på att han ramlat i golvet därinne. Hellre använda de där apostlarna eller vad de nu kallades, som farbror Lennart talat om.

Det vill säga benen, för att inte säga fötterna.

Ge mig bara lite tid och jag klarar alla hinder, tänkte Arne Murberg och började gå.

3

När han passerat den tredje tvärgatan anade han att han var på fel väg och efter den fjärde var han säker. Det var inte mycket folk i rörelse, men även om det varit det hade han nog undvikit att be om hjälp. Det var inte säkert att man kände till Hotel Munck, och han visste inte hur han skulle bära sig åt för att fråga. Det var ett återkommande problem, att bara säga namnet på någon sorts frågande vis verkade enfaldigt och Arne hade ingen lust att framstå som mer enfaldig än nödvändigt. Han bestämde sig för att fortsätta ett litet stycke till innan han vände om, men nu hade också ett annat dilemma dykt upp, ett dilemma som var betydligt mer pockande än frågan om var hotellet var beläget.

Han behövde kissa.

Dumt att jag inte gjorde det på restaurangen, tänkte Arne. Där fanns alla gånger en toalett, det gör det på alla restauranger.

Men nu var det som det var. Han tänkte på vinet han stjälpt i sig, två glas; och två glas vatten dessutom, eller möjligen tre, undra på att blåsan kändes sprängfull.

Pinkelieren, som sagt. Var då? Att klara sig hela vägen tillbaka till Munck verkade uteslutet, men just som han insåg detta kom han fram till en liten park.

Det gick an. Man kissar inte mot en husvägg, men ett träd eller en buske i en park är en annan sak. Han siktade in sig på ett litet buskage till vänster, hann uppfatta att parken hette *Fasanenpalats* eller någonting i den stilen, och kom att tänka på en historia som pappa Torsten en gång berättat om en präst som blev pinknödig mitt under predikan i kyrkan. Men hur Arne än funderade kom han inte ihåg vad det var som var det roliga. Om prästen hade blivit tvungen att kissa i smyg uppe i predikstolen eller om det hade löst sig på annat sätt.

Precis som han kom i skydd av busken var det dags. Det var sannerligen i sista sekunden, och han tänkte att han nog aldrig haft så mycket i blåsan i hela sitt liv. Strålen tog liksom aldrig slut och när det var någon som knackade honom på axeln var han fortfarande i full gång.

Han ryckte till och höll på att skvätta ner både skor och byxor. Den som stod bakom honom sa något. Rösten var barsk och myndig. Arne kände att benen höll på att vika sig under honom – en gång till under samma kväll, inom loppet av mindre än en timme, det var som själva...

Men det klarade sig, han höll sig upprätt, lyckades avsluta pinkandet och fick in snoppen i brallorna. Vände sig om och stirrade upp i ett ansikte som såg ut att vara tillverkat av asfalt. Ljusgrå asfalt. Det befann sig gott och väl en decimeter ovanför hans eget och satt högst uppe på en uniformerad kropp som måste väga bra mycket över hundra kilo.

Munnen i asfalten öppnades igen och sa någonting ytterligare. Arne förstod inte ett ord men bestämde sig för att köra med öppna kort.

"Isch suche mein Mutter", sa han. "Hier in Berlin", lade han till.

En ny, fast något mindre, jätte dök upp bakom den första. Han hade samma sorts uniform men föreföll mindre farlig eftersom han skrattade.

"Deine Mutter?" sa han.

"Genau", sa Arne. "Mutter. Guten Abend."

Nu skrattade asfaltsansiktet också och plötsligt förstod Arne att de var poliser. Bakom dem ute på gatan stod en grön och vit polisbil, de måste ha kommit smygande medan han som bäst stod och skvalade bakom busken.

"Schweden", sa Arne och provade ett litet skratt han också. "Isch bin Schweden. Guten Abend."

Det sista hade han redan sagt men bättre att vara för mycket artig än för lite. Polismännen tittade på varandra och utbytte några ord. Arne förstod att de diskuterade huruvida de skulle arrestera honom eller inte. Det var förmodligen inte tillåtet att pinka i parker, i varje fall inte för utlänningar, och han tänkte att det i så fall skulle vara bra förargligt. Han hade aldrig blivit arresterad i hela sitt liv och om han skulle bli det redan sin första kväll i Berlin... ja, han tänkte i varje fall inte berätta det för farbror Lennart och faster Polly.

Den mindre jätten sa något och tecknade mot bilen. Arne förstod inte.

"Wo wohnen Sie?"

"Va?" sa Arne.

"Hotel? Wohnen Sie vielleicht in einem Hotel?"

Han uppfattade ordet "hotell" och fick fram lappen ur innerfickan. Räckte över den till den mindre jätten. "Hotel Munck", sa han och nickade.

"Fasanenstrasse?"

"Genau."

Det går ju riktigt bra, tänkte Arne. Här står man och snackar tyska som den enklaste sak i världen.

Den större polisen höll upp bakdörren på bilen och sa något som måste betyda att han skulle hoppa in. Arne gjorde så och storpolisen satte sig bredvid honom. Hans kollega tog plats bakom ratten och de körde iväg.

Det här kommer jag aldrig att glömma, tänkte Arne. Polisbil genom Berlin, det känns som en film. Han stack handen i fickan och stötte på en ask halstabletter som han köpt på Arlanda och som han alldeles glömt bort. Han petade upp locket och sträckte fram asken mot storpolisen. Denne ruskade på huvudet.

"Nein Danke."

"Kein Problem", sa Arne och tog själv fyra tabletter.

De svängde runt på Fasanenstrasse, körde förbi restaurang Martinus och en minut senare stannade de utanför entrén till Hotel Munck. Storpolisen tecknade åt Arne att kliva ur. Sedan sa han någonting som gissningsvis betydde att det var förbjudet att kissa i parker, men att man bestämt sig för att se genom fingrarna med det den här gången.

"Danke schön", sa Arne. "Das will isch remember."

Ute på trottoaren vinkade han farväl. Stod kvar och såg polispatrullen ge sig ut på nya uppdrag i nya parker och tänkte att han nog ändå borde skriva ett sms till farbror Lennart och berätta om sin första kväll på tysk mark. Bara helt kortfattat förstås.

Eller också inte. Han var fortfarande en smula irriterad på att farbrodern alltid skulle styra och ställa med allting; det verkade ju inte alls behövas och med ens kände han hur en stor tacksamhet vällde upp inuti honom. En tacksamhet över att folk var så vänliga mot honom. Poliserna. Personalen på restaurangen. Damerna på hotellet. Det skadade sannerligen inte med hjälpsamma människor när han nu kommit alldeles ensam – *Allein in Berlin* – för att utföra sitt viktiga uppdrag i denna myllrande stad.

Violetta Dufva... han hade alltid tyckt att det var ett så vackert namn. Lika vackert som hennes ansikte på det där gamla fotografiet; han hade tre kopior av det i ett kuvert i ryggsäcken och imorgon var det förstås dags att ta itu med uppgiften på allvar. Medan han stod och väntade på hissen kunde han nästan känna hur pappa Torsten höll ett öga på honom uppifrån sin himmel och önskade honom lycka till.

Glöm inte att ge henne den där asken, tycktes han säga.

Det är klart jag inte glömmer, svarade Arne. Du kan lita på mig.

Hissen kom aldrig, han förstod inte varför. Men alldeles bakom honom löpte en trappa. Måste väl gå bra att ta sig upp den vägen också, tänkte Arne, och precis så förhöll det sig verkligen. Fyrtioåtta trappsteg senare befann han sig på tredje våningen, och på bara ett par ögonblick tog han sig in på rum 312 utan några som helst mankemang med plastkortet. Efter en hastig kvällstoalett tumlade han i säng, fullständigt utmattad efter sin första dag i Berlin.

Utmattad men också nöjd och tillitsfull. Något nytt sms till farbror Lennart var det inte tal om.

ANDRA DAGEN

1

Han vaknade av att någon knackade på fönstret och först kunde han inte komma ihåg var han var. Efter några sekunder klarnade det dock och han hasade sig upp till halvsittande. Knackandet fortsatte och han såg nu att det var en fågel som satt ute på fönsterbrädet och pickade med näbben mot glaset. En stor och välfylld duva, om han inte tog fel, men han var dålig på fåglar. Medan den pickade tycktes den betrakta honom med sitt ena öga. Arne gäspade och betraktade tillbaka medan han funderade på om det var någon skillnad mellan tyska och svenska fåglar. Skilde de sig åt på något sätt? Betedde de sig annorlunda i Berlin än hemma i K-? Han kunde inte erinra sig att han tidigare sett en duva sitta och knacka på ett fönster på det här viset. Om det nu var en duva, och så snart han gnuggat sömnen ur ögonen kände han sig rätt säker på att så var fallet. Grå som gröt, fet och slö, såg den ut; han undrade om den verkligen orkat flyga ända hit upp eller om den klättrat på något slags brandstege.

Plötsligt mindes han att han sett en krånglig film på

teve för en massa år sedan, där en annan sorts fågel flaxade omkring på alla möjliga ställen och i själva verket föreställde en kvinna, eller kanske en flicka, som hade dött i en olycka men som inte fick ro i sin grav... eller hur det nu var?

Han lämnade fågelfrågorna och steg upp. Det fanns så många frågor och ibland var det bäst att hålla sig borta från dem. Klockan var några minuter över åtta och han var hungrig. Hungrig och utvilad, det kändes bra, men framförallt var han... förväntansfull? Ja, just så hette det: *förväntansfull*. Det uttryckte sig som kolsyra i en läskedryck ungefär, ett behagligt pirrande i kroppen, nerifrån och uppåt, och han förstod att det berodde på uppdraget. Idag skulle han ta itu med det, han var verkligen inte van att hantera sådana här viktiga saker, men det kändes också som om ingen tidigare tagit hans fulla kapacitet i anspråk.

Min fulla kapacitet? tänkte han när han klev ur duschen och satte igång att torka sig med en av de stora gula handdukarna. Vilka ord det ryms i min skalle med ens. Det är förstås för att jag aldrig fått chansen på riktigt. Jag är visserligen långsam, men inte så dum som folk tror. Långt ifrån.

Frukosten var en sensation. Det tog nästan en timme att få i sig den – bacon, äggröra, korvar, yoghurt, smörgåsar, våfflor, kaffe och te, tre sorters juice samt en handfull små muffinsar som smakade av alla möjliga sorters bär. Det var knappt han orkade resa sig från bordet när han var klar, och uppe på rummet blev han tvungen att ligga raklång på sängen en god stund för att smälta alltihop.

Duvan hade lämnat fönsterblecket, noterade han när han satt sig vid skrivbordet och brett ut kartan framför sig. Kanske hade den helt enkelt ramlat ner, det föreföll inte orimligt. Han tänkte att han både saknade den och inte saknade den. Han kunde inte se mycket av staden genom fönstret, egentligen bara en bit av himlen och en större gråbrun byggnad på andra sidan gatan. Det var antagligen en arbetsplats av något slag, han kunde urskilja människor som satt hukade över skrivbord därinne, ungefär på samma sätt som han själv satt på sitt rum på Hotel Munck. Berlinare och berlinskor; om någon av dem hade tittat upp skulle han ha kunnat vinka till dem, men det var ingen som hade tid att titta upp. Säkert hade de viktiga saker att syssla med, tänkte Arne, precis som han själv. Och säkert var ingen av dem hans mamma, det skulle ha varit ett sjuhelsikes märkligt sammanträffande. Han sänkte blicken, riktade den mot kartan och koncentrerade sig.

Virrvarret av gator var enormt, men de två kryssen gjorde att det hela ändå blev begripligt. Nästan begripligt i varje fall. Han följde den tunna blyertslinjen mellan de bägge markeringarna med pekfingret och tänkte att det var precis så han måste bära sig åt. Ta med sig kartan, vandra långsamt gata efter gata hela vägen och kontrollera med ett finger i varje korsning att han inte kommit på villovägar. Läsa på skyltarna och hålla riktningen i minnet, farbror Lennart hade sagt att det nog skulle ta en timme om han gick i lagom takt. Eller var det två han sagt? Arne mindes inte, men det kvittade. Han tänkte sig att han kunde ta en paus och dricka kaffe på något kafé när han kommit ungefär halvvägs, det verkade som en bra plan att dela upp vandringen på det viset. Två halvlekar liksom.

Han tittade ut genom fönstret igen, ställde sig upp och betraktade gatan som löpte förbi därnere. Han antog att det var Fasanenstrasse, ja, det var det naturligtvis; vred kartan på skrivbordet så att gatan på kartan och gatan i verkligheten löpte jämsides. Om han inte tog fel måste han bege sig åt höger utanför hotellentrén, det vill säga åt andra hållet jämfört med gårdagskvällens riktning.

Eller hur? Tankearbetet gjorde att kolsyran började bubbla kraftigare inuti skallen på honom och han tänkte att det inte var så konstigt. Det var ingen enkel operation hans pappa skickat ut honom på, men det gällde bara att ta det lugnt och vara... vad var det farbror Lennart hade sagt? *Metodisk?*

Just det. Lugn och metodisk. Han hade många dagar på sig, det fanns absolut ingen brådska, han skulle till exempel kunna ta det lugnt idag och inte bry sig om att försöka hitta bort till Knobelsdorffstrasse förrän imorgon eller i övermorgon. Bekanta sig lite med kvarteren och omgivningarna närmast hotellet först, kanske det vore en ännu bättre plan?

Å andra sidan skulle det kännas lite bortkastat. Det kunde ju vara så att hans mamma hade flyttat till en annan adress och då gällde det att gå vidare. Rita ett nytt kryss på kartan och dra en ny blyertslinje. Kanske flera kryss och flera linjer? Nej, det vore inte rätt att slösa bort den första hela dagen. *Plikten framför allt*, som han hade hört någon säga, kanske till och med läst.

Han vek beslutsamt ihop kartan, stoppade den i ytterfickan till jackan och tog trapporna ner till receptionen. Plånbok och mobiltelefon i innerfickorna, ryggsäck med anteckningsblocket, ordboken (tysk-svensk och svensk-tysk i samma band), två pennor och äpplet som han tagit med från frukostmatsalen. Men mamma Violettas ask låg kvar på hotellrummet, den fick vänta tills han fått vittring på henne. Allt har sin tid och allt var så här långt under kontroll.

Till en början gick det alldeles utmärkt. Förvånansvärt enkelt, tyckte Arne. Han rörde sig långsamt och målmedvetet längs trottoarerna, stannade i varje gathörn och kontrollerade sin väg jämfört med kartan; det enda lite besvärliga var att veckla ut och vika ihop den hela tiden, särskilt när det kom vindstötar och folk stod och trängdes i väntan på grön gubbe vid övergångsställena. Men eftersom han inte hade någon brådska innebar det inget egentligt bekymmer. Fasanenstrasse under järnvägen fram till Kantstrasse. Sedan Kantstrasse åt vänster ett långt, långt stycke. Ända fram till Leibnizstrasse; där till höger och upp till Schillerstrasse. Sedan vänster.

Kommen så långt, och efter att ha gått en bra bit på Schillerstrasse, bestämde sig Arne för en paus. Såvitt han kunde se på kartan hade han tillryggalagt mer än halva sträckan, det hade tagit nästan en timme och han började känna sig trött i huvudet. Inte i benen och kroppen men han var inte van att behöva koncentrera sig på det här viset under så långa perioder. Dessutom hade den väldiga frukosten börjat sjunka undan, en kopp kaffe och någonting gott att tugga på skulle inte vara fel.

Kaféet hette Rick's Café Americain, ett långt och krångligt namn på ett så litet ställe, tyckte Arne. Det fanns bara tre bord inne i den murriga lokalen, men alla tre var lediga så Arne slog sig ner i hörnet närmast dörren. En krullhårig kvinna kom fram och började prata artig tyska med honom och efter en stund hade de kommit fram till att han behövde en stor kopp kaffe med mjölk och en äppelkaka med vispgrädde. Det hette *Strudel*, tydligen, han hade för sig att farbror Lennart tjatat en del om just denna urtyska specialitet.

Mitt i den första tuggan kom där ett pip från innerfickan. Det var då själva fan, tänkte Arne, att man aldrig kan få vara i fred. Han fick upp mobilen och snart hade han fått fram ett meddelande från farbror Lennart.

Lycka till med din uppgift idag. Det kommer nog att regna i Berlin på eftermiddagen, tänk på det. Faster Polly hälsar.

Han fnös och tryckte bort meddelandet. Vad visste de om vädret i Berlin långt borta i K-? Tramsigt, tänkte Arne, men det var rätt typiskt för både farbror Lennart och faster Polly. De skulle alltid lägga sig i och veta bäst. Faktum var ju att hela det här uppdraget var en sak mellan pappa Torsten och Arne. Det var han som skulle leta upp Violetta Dufva, sin försvunna mamma, ingen annan. Och han skulle göra det på egen hand, det hade varit det uttryckliga önskemålet där på sängkanten i rum åtta på sjukhuset. En överenskommelse mellan en far och en son. Att det skulle vara så svårt att fatta.

Eller hur? tänkte Arne och tryckte in en stor bit strudel i munnen. Den smakade inte riktigt som faster Pollys bakverk brukade göra men den var god. Tyskarna kan baka, konstaterade han välvilligt, ingen ska komma och påstå annat.

När han avslutat både strudeln och kaffet, vispgrädden inte att förglömma, försökte han breda ut kartan och få en överblick över fortsättningen av vandringen genom Berlin, men bordet var alltför litet för att det skulle fungera tillfredsställande. Men strunt samma, han var ändå klar över hur han skulle gå: Schillerstrasse ett par hundra meter till, sedan in på Kaiser Friedrichstrasse. Han undrade vilka alla dessa människor var, de som gett namn åt gatorna han gick på. Kant och Leibniz och Schiller, visst måste det röra sig om efternamn alltihop?

Förmodligen idrottsstjärnor eller någon sorts nobelpristagare, tänkte Arne, men osagt var bäst. Tyskarna hade sina egna seder, det hade han redan konstaterat.

Han nickade vänligt åt damen bakom disken. Betalat hade han redan gjort, så han behövde inte ge sig in på någon mer konversation. Han lämnade Rick's Café Americain och väl ute på trottoaren kunde han konstatera att det hade börjat duggregna.

Skitväder i Berlin, tänkte Arne Murberg. Opålitligt.

2

Knobelsdorffstrasse visade sig vara en trevlig gata med fyra till fem våningar höga bostadshus på bägge sidor. Nummer 38b låg mellan två tvärgator, den ena hette Danckelmannstrasse, den andra Sophie-Charlotten-Strasse. Bägge namnen långa som ålar och stavade på det där konstiga sättet på slutet; Arne började ana att det inte var så felaktigt som han hade trott, kanske var det så att tyskarna höll sig med en del egna bokstäver också. Som kineserna och ryssarna och vilka det nu var.

Fast vad gatorna hette kände han ju redan till, eftersom han studerat kartan så noggrant, både hemma i K- under farbror Lennarts ledning och här i själva Berlin. Arne kände på porten till 38b och konstaterade att den var låst. Tvekade en sekund och gick sedan tvärs över vägen och ställde sig på trottoaren framför en liten blomsterbutik. Han funderade hastigt på att gå in och köpa en bukett – eller kanske en krukväxt – så han inte skulle vara alldeles tomhänt om han nu skulle stå öga mot öga med sin mamma efter så många år.

Men så tänkte han att han nog inte skulle ringa på hennes dörr idag. Idag gällde det bara att rekogno... han kom inte riktigt på vad det hette, men det betydde ungefär *kolla läget* och han hade inte för avsikt att gå längre än så. Vad det närmare bestämt gällde den här dagen var att undersöka om Violetta Dufva överhuvudtaget bodde kvar på den adress där hon bosatt sig för mer än trettio år sedan. Och om hon inte gjorde det, försöka ta reda på vart hon flyttat.

Hur? Hur skulle han bära sig åt?

Han och farbror Lennart hade diskuterat det här. Naturligtvis. Allt hade han diskuterat med farbror Lennart, fram och tillbaka och fram igen, men det innebar ändå inte att saken var biff. När han nu stod här i det alltjämt strilande regnet och betraktade en tysk pudel som lyfte benet mot en papperskorg, kom han plötsligt inte ihåg ett dugg av vad de hade planerat. Alla förberedelser var som bortblåsta ur huvudet på honom och en viss modfälldhet höll på att fylla honom istället. Kolsyran var avslagen, han var våt inpå bara skinnet och när han tänkte efter så kändes det faktiskt både ensamt och rätt hopplöst.

Nej, att stå i regnet på en trottoar i Berlin och inte veta vad man skulle ta sig till var sannerligen inte trevligt. Han hade börjat frysa också, så länge han hållit sig i rörelse hade det gått bra, men nu märkte han att han faktiskt hackade tänder.

Vad ska jag göra, Perry? tänkte han. Har du nån koll på Berlin?

Perry dök upp för hans inre öga och såg bekymrad ut. Sedan lade han hakan i ena handen och betraktade Arne: *Du har väl inte vandrat ända hit bara för att stå och glo och bli blöt?* undrade han. Men han sa det lite skämtsamt och kamratligt, precis som vanligt.

Och just i det ögonblicket upptäckte Arne att någon kom ut genom porten till 38b. Just *den porten*. Han skyndade tvärs över gatan, som turligt nog inte var särskilt trafikerad, men det var för sent. Den gröna trädörren hade slagit igen och gått i lås. Han ryckte några gånger i handtaget men det var lönlöst. Och mannen som kommit ut hade redan försvunnit runt hörnet. Alldeles intill porten fanns emellertid ett litet utskjutande tak över ett butiksfönster, och om man ställde sig under det kom man åtminstone undan regnet.

Sagt och gjort, alltid något. Arne Murberg fattade posto. När nästa människa kom ut genom porten skulle han passa på att smita in. Men han frös fortfarande och märkte att han nästan kände sig lite rädd. För vad då? undrade han. Hemma i K- brukade Arne aldrig vara rädd, men det var förstås skillnad på K- och Berlin. Kanske hade faster Polly haft rätt när hon varnat för den här staden? Syndens näste, hade hon påstått, vad nu det kunde betyda? Ingenting gott i alla fall. Han var heller inte säker på vad han skulle göra om han verkligen lyckades ta sig in genom porten, och för att åtminstone ge sig en chans att slippa ifrån alltihop tittade han på sitt armbandsur (som han fått i julklapp av just faster Polly för två eller tre jular sedan) och bestämde sig för att vänta i tio minuter.

Precis tio minuter, inte en sekund därutöver. Om porten inte hade öppnats under de minuterna, skulle han vända på klacken och återvända till Hotel Munck. Samma väg han kommit fast tvärtom.

Men knappt hade han tänkt den tanken och börjat stirra på sekundvisarens långsamma vandring runt urtavlan förrän pappa Torstens ord från dödsbädden kom tillbaka till honom.

Du ska leta upp din mor i Berlin. Det är det uppdrag jag ger dig, min son.

Och så det där andra:

Man får ro det i land och det finns saker som inte ska lämnas ogjorda. Förstår du vad ogjorda betyder?

Det var som om han hörde rösten inuti huvudet, eller kanske någonstans från ovan, från den regntunga himlen över Berlin. *Himmel över Berlin*, det lät bekant. Och pappa Torstens röst lät ännu mera bekant. Arne förstod att han inte fick svika; hans döde far höll ögonen på honom, hur det nu gick till. Han fick inte bli bekväm och lat och tänka på sig själv, fast han var ensam och blöt och frös som en hund och inte förstod hur i hela världen han skulle... *ro det i land.*

Han måste i alla fall försöka, det förstod han. Han måste göra sitt yttersta, annars skulle pappa Torsten komma tillbaka och tjata i hans skalle var eviga dag, så var det. Han kunde inte minnas att han någonsin haft ett uppdrag tidigare, åtminstone inte ett så här viktigt, så det var nu det gällde. Nu eller aldrig.

Ja, jag hör, pappa, mumlade Arne utan att släppa

klockan med blicken. Jag är på gång. Gå och lägg dig och var död nu, du kan lita på mig.

Det hade gått åtta minuter och trettiofem sekunder när porten på nytt öppnades. Under tiden hade Arne upptäckt att det fanns en rad namn med ringledningsknappar på väggen intill porten. Ingenstans fanns dock namnet Dufva eller Lummersten – som den där sångaren hans mamma rymt med hade hetat. Fast han var död nu, lika död som pappa Torsten, så det verkade mindre troligt att han fanns kvar i huset.

Kanske, tänkte Arne, kanske kunde man trycka på en knapp i alla fall, vilken som helst, och kanske skulle man då bli insläppt genom att någon annan tryckte på en annan knapp inne i sin lägenhet. Men han vågade inte prova. Det var inte gott att veta vad man kunde bli arresterad för i det här landet.

Men nu kom alltså någon ut genom porten igen. Närmare bestämt en dam. Närmare bestämt en dam som såg ut att vara hundra år, enligt Arnes hastiga bedömning. Åtminstone.

Hon sköt en rullator framför sig och hade en plastpåse på huvudet, han antog att det var som ett skydd mot regnet, vilket alltjämt pågick. I korgen till rullatorn låg en fotboll som såg ny ut. Om det hade varit hemma i Sverige skulle Arne säkert ha påpekat för damen att det inte var något väder att ge sig ut och spela fotboll i, särskilt inte om man var hundra år, men eftersom han inte kom på ett enda ord på tyska för att uttrycka detta välmenta råd, lät han det vara. Istället trängde han sig förbi henne och fick in en fot i öppningen just innan porten stängdes. Hon vred på huvudet, betraktade honom misstänksamt och sa något obegripligt.

"Es regnen", sa Arne och slank in. "Danke bitte."

Han kom in i ett trapphus som luktade tvättmedel. Det såg rent och snyggt ut och omedelbart till höger satt ännu en tavla som förtecknade vilka som bodde i huset. Samma namn som på väggen därute, antagligen, men Arne började ändå långsamt läsa dem uppifrån och ner. Det hjälpte inte; varken Dufva eller Lummersten fanns med på den här tavlan heller.

Han hade just konstaterat detta när ett ungt par kom ut ur hissen, som var belägen lite längre in i trapphuset. Arne bestämde sig för att ta en chans. Tyvärr kom han för tillfället inte ihåg vad "ursäkta mig" hette på tyska, så han sträckte upp en hand som ett tecken på att han ville fråga dem om något. De stannade och tittade lite villrådigt på varandra, den unge mannen sa något som Arne tolkade som att han ville veta vad det gällde. Det verkade rimligt med tanke på situationen, han fick av sig ryggsäcken och grävde fram sin anteckningsbok.

"Moment danke", kom han på och den unga kvinnan nickade. Log lite mot honom också, det kändes lovande. Hon hade mörkt hår uppsatt med ett gulrött band. Arne tänkte att hon var vacker; mannen såg mera alldaglig ut, ungefär som en vanlig kund i en tobaksaffär.

Han fick upp sista sidan där farbror Lennart komponerat ett meddelande för situationer som den här. Han rätade på ryggen, satte på sig en allvarlig min och höll upp blocket framför ögonen på paret.

ICH SUCHE MEINE MUTTER. IHRE NAME IST VIOLETTA DUFVA ODER VIELLEICHT VIOLETTA LUMMERSTEN. SIE WOHNTE HIER IN DIE ACHTZIGEN, VIELLEICHT SPÄTER. KÖNNEN SIE MIR HILFEN?

Die Achtzigen betydde på åttiotalet, hade farbror Lennart påstått. *Später* betydde senare. Den unga kvinnan höjde bägge ögonbrynen och betraktade Arne med ett uttryck som han inte kunde tolka. Det ryckte lite i hennes ena mungipa. Sedan betraktade hon sin man som också såg lätt konfunderad ut.

"Sprechen Sie Deutsch?" frågade han.

"Nur ein biss", svarade Arne. "Isch bin Schweden."

"Mhm?" sa mannen. "And you are looking for your mother?"

Detta var engelska, det insåg Arne omedelbart, så han nickade. Javisst, han var ute och letade efter sin mamma, det var det alltihop handlade om.

Kvinnan skrattade till och ryckte på axlarna. Pekade på meddelandet som Arne fortfarande höll framsträckt och sa något som han trodde var *Die Achtzigen*.

"Ja ja", sa han. "Hon kom hit 1982 ... ungefär."

Han sa det på svenska. Om det var någonting som var extra hopplöst på det tyska språket så var det årtal.

Mannen slog ut med händerna. "Keine Ahnung. Sorry."

"Wir sind... we have only lived here two years", lade kvinnan till och höll upp två fingrar.

Arne insåg att ingen av dem var gammal nog att ha bott här för trettio år sedan och gissade att de två fingrarna betydde att de bara bott i huset i två år. Han var glad åt denna slutledning men kände samtidigt hur modet i honom sjönk. Även om hans mamma verkligen hade tillbringat några år här med sin truba... trubadist?... så var det förmodligen väldigt länge sedan hon flyttade härifrån. Eller hur? Han försökte komma ihåg vad farbror Lennart instruerat honom att göra i ett läge som det här, men hans hjärna kändes lika blank och ungefär lika stor som en biljardboll.

"You look very wet", sa mannen.

"Isch bin... very trött", sa Arne, men i samma ögonblick gick porten upp igen. Det var den hundraåriga damen som återvände. Hon måste sannerligen ha haft ett kort ärende, tänkte Arne. Det hade på sin höjd gått fem minuter sedan hon gav sig iväg. Den unge mannen sken upp och tycktes ha fått en idé.

"Frau Hönchen!" utbrast han. "Vielleicht können Sie hilfen?"

Arne sa ingenting. Den gamla damen drog bort plastpåsen från huvudet och blängde på trion i trapphuset. Fotbollen i rullatorkorgen var borta, Arne undrade vart den tagit vägen. Kanske hade hon lämnat in den på pumpning i någon närbelägen sportaffär, så brukade man göra hemma i K-. Eller hade brukat göra förr i tiden i alla fall, han visste inte riktigt varifrån han inhämtat den sortens kunskap, men det spelade mindre roll för tillfället. Bollen var borta, strunt samma vart den tagit vägen.

"Guten Tag", sa han. "Isch bin ein Arne, und..."

Han kom inte på någon bra fortsättning, men den unga kvinnan tog rådigt fatt i hans anteckningsblock, som han fortfarande höll i handen, och visade upp det textade meddelandet för hundraåringen. Denna slutade blänga och började kisa istället och till slut fick hon upp ett par glasögon ur kappfickan. Arne och det unga paret väntade tålmodigt medan hon fick dem på näsan och började läsa.

"Ach, die Dufva?" utbrast hon till slut.

Hon tog av sig glasögonen och satte ett krokigt pekfinger i bröstet på Arne. Fick ur sig en lång och krånglig tysk harang som slutade med ett skrockande. Väntade på hans reaktion, på att han skulle säga något.

"Nix verstanden", sa Arne.

"Sie hat hier gewohnt... deine Mutter, ja? Dritten Stock."

Och sedan något som lät som ett årtal. Arne visste inte vad han skulle tro, men nu ryckte den unga kvinnan in igen. Hon fick fram en penna och tog Arne under armen. Pekade på hans anteckningsblock.

"Deine Mutter...?"

"Ja?"

"Violetta Dufva?"

Hon uttalade efternamnet konstigt men fågeln hette kanske något annat på tyska. Arne nickade.

"Sie hat hier... in diesem Haus... gewohnt..."

"She has lived here", stack mannen in. Engelska igen

och faktum var att Arne började förstå. Särskilt när han betraktade deras vänliga nickanden. Hans mamma hade verkligen bott i det här huset. Fast det visste han ju egentligen redan, eller hur?

Den hundraåriga damen sa något och den betydligt yngre damen svarade. Vände sig på nytt till Arne.

"Bis..." Och så det där årtalet igen. Men nu skrev hon upp det i hans anteckningsblock. Strök under det med ett streck för säkerhets skull.

2005

"Dann pschutt", sa hundraåringen. I alla fall lät det så. "Putz weg!"

Nu började alla tre diskutera någonting. Arne lutade sig trött mot väggen medan han stirrade på årtalet. Räknade hastigt i huvudet och kom fram till att det var för ungefär tio år sedan. Var det alltså så att hans mamma hade bott här fram till dess, till 2005, och sedan flyttat härifrån?

Vart då i så fall? Han förstod inte ett jota av vad de tre tyskarna pratade om, men det verkade åtminstone som om de var intresserade av hans problem. Efter ett par minuters dividerande vände sig den unge mannen till Arne.

"Bitte warten Sie hier."

"Warten?" sa Arne.

"Wait", sa mannen. "Bleiben."

Han gjorde en lugnande rörelse med handen och Arne förstod att något var på gång. Han skulle vänta.

Så han stod kvar lutad mot väggen. Det gjorde den unge mannen också fast han behövde inte luta sig mot väggen. Han såg rätt vältränad ut när man tänkte på saken. Som en idrottsman av något slag nästan. Arne funderade på om han kunde vara stavhoppare, han påminde om en sådan som han sett på teve – även om han förstås inte kunde svära på att det var en tysk stavhoppare han sett. Fast de flesta stavhoppare var nog rätt lika oavsett vilket land de kom ifrån... vältränade, spänstiga och så. Varför står jag och grubblar över stavhoppare? frågade han sig sedan. Det var väl inte därför jag kom hit?

Han suckade och försökte komma på något att säga. Den unga kvinnan och den gamla damen hade gått bort till hissen och försvunnit in i den.

"Schweden?" sa den unge mannen och log vänligt mot Arne.

"Genau. Schweden", svarade Arne.

"Zlatan Ibrahimovic", sa mannen.

"Sehr schön", sa Arne.

Sedan blev det inte mera sagt. Det gick flera minuter. Arne började känna sig både kissnödig och hungrig, men det var bara att stå emot. Han tänkte i varje fall inte begå misstaget att kissa i en park igen, men om han bara kom härifrån kunde han kanske hitta ett matställe där det också fanns en toalett. Tanken gjorde att han återfick lite gnista och lite kolsyra, och han funderade som bäst på att spotta ur sig en mening på tyska för att bryta tystnaden när den unga kvinnan kom ut ur hissen igen.

Hon såg glad ut. I handen höll hon ett papper. Hon räckte över det till Arne, som rynkade pannan och läste. Eller försökte läsa, det var ännu en av dessa gator med alldeles för många bokstäver:

Kyffhäuserstrasse 52
Tel. 030 131 2828

Och på några sekunder stod allt klart för honom. Det var sannerligen lyckat. Den hundraåriga damen hade bott i huset i hela sitt liv och hon visste allt. Hon visste till exempel att Violetta Dufva funnits här fram till 2005, och när hon flyttade ut hade hon lämnat sin nya adress och sitt telefonnummer till damen. Eftersom de varit grannar.

Det var så man gjorde. Om det kom paket eller släktingar som inte visste vart man tagit vägen. Självklart, tänkte Arne. Saken är klar, nu vet jag var mamma bor. Kyff... strasse 52!

"Sehr gut!" sa han och stoppade in papperet längst bak i anteckningsboken. "Jag förstår precis. Danke danke!"

Den unge mannen och den unga kvinnan log mot honom och så följdes de alla tre ut genom porten. Det kändes lätt att leva. Som för en fjäril en sommardag. Förr i tiden, innan han blev dyster och innan han dog, hade pappa Torsten brukat säga just så.

Min son, livet ska vara som för en fjäril en sommardag.

Om Arne mindes rätt hade han också förklarat att det var något han läst, en mening från en bok som hade fastnat i honom. Arne tänkte att den säkert kom från någon av de tjugo–trettio pocketarna som stod på hyllan vid hans säng.

Och just nu, på Knobelsdorffstrasse i hjärtat av Berlin, hade regnet upphört.

3

Tre timmar senare var han tillbaka i sitt rum på Hotel Munck. På vägen hade han stannat och ätit en stor pizza med bearnaisesås och köttbitar på ett ställe som hette Ristorante Italiano. Hans bord hade varit vingligt och lite kladdigt, men det gjorde ingenting. Där hade funnits en toalett som han utnyttjat, och till pizzan hade han druckit en halv liter Coca-Cola. Hungerfrågan var tillfälligt ur världen, kalaset hade kostat arton euro, han hade lagt på två och betalat med en tjuga. Det visste han att man skulle göra utan att farbror Lennart behövde påpeka det.

Han hade också hittat ända hem till hotellet utan att gå fel en enda gång. Man börjar bli ganska bekant med Berlin, hade han konstaterat när han kom in i hotellobbyn. Nickat vänligt åt flickan i receptionen, som om de hade känt varandra hela livet.

"Guten Abend, Herr Murberg", hade hon sagt och gett honom ett leende. Han kunde ha varit hennes chef eller kusin eller barndomsvän, och inte bara en hotellgäst.

"Guten Abend", hade herr Murberg svarat.

Kommer att lära mig språket också, bara jag håller öronen öppna, tänkte han.

Det hade dock dykt upp två nya problem att ta itu med. Men så var det med livet, det visste Arne Murberg. Det blev aldrig riktigt lugn och ro, ständigt kom det frågor som måste lösas, stora och små, enkla och mer komplicerade. Särskilt när man gav sig iväg till främmande platser långt bort i världen.

För det första hade hans Berlinkarta farit illa av regnet och vinden och höll på att falla i bitar. Fast när han vecklat ut den på sängen och försiktigt blåst varmluft på den en stund – med hjälp av hårtorken som någon glömt i en av utdragslådorna i garderoben – trodde han nog att den skulle vara användningsbar även i fortsättningen. Kanske kunde han köpa en rulle tejp någonstans och laga de värst utsatta ställena. Tiergarten till exempel, där hade det blivit ett stort hål.

Det andra problemet var att han inte kunde hitta sin mobiltelefon. Han hade tänkt plocka upp den ur ryggsäcken för att försöka ringa det där telefonnumret han fått till mamma Violettas nya adress, kanske också se efter om det kommit något nytt meddelande från tjatkungen farbror Lennart.

Men hur han än grävde och letade så fanns där ingen mobil. Inte i någon av jackfickorna heller och absolut inte i byxorna. Det var onekligen förargligt, tänkte Arne och började i tankarna gå tillbaka genom dagen för att komma på vart den kunde ha tagit vägen. Han hade inte haft den framme under pizzaätandet och inte borta på Knobelsdorffstrasse, det var han säker på. Men det var inte omöjligt att han tagit upp den när han drack kaffe på vägen dit. På det där fiket, vad det nu hette, med den krullhåriga damen, vid det där bordet i hörnet invid dörren... var det förresten inte då han fått ett meddelande från farbror Lennart?

Precis, tänkte Arne. Så var det. Det måste ha varit där jag glömde den.

Om den nu inte ramlat ur ryggsäcken alldeles av sig själv, men i så fall var nog chanserna att få tillbaka den ganska små.

Kanske var de inte så goda även om apparaten blivit liggande på kaféet? Han ansträngde sig en stund för att komma på namnet. Någonting med Amerika, hade han för sig, men längre kom han inte. Hursomhelst hade han ingen lust att vandra tillbaka hela den långa vägen och fråga efter den. Verkligen inte. Behöver jag egentligen den där tröttsamma manicken? frågade han sig. Det enda som händer med den är ju att det kommer en massa onödiga meddelanden från farbror Lennart och faster Polly. Om vädret i Berlin och allt möjligt trams. Nej, jag skiter i mobilen, åt helskotta med den. Sannerligen.

Dessutom stod det en gammaldags telefon på sängbordet, en riktig telefon med sladd och lur och allt. Om han behövde ringa kunde han lika gärna använda den. Självklart.

Nöjd med detta beslut gick han ut i badrummet och

spolade upp ett bad. Det var dags att få lite ordentlig värme i kroppen. Och därefter lite rena kläder på den.

Det var något fel på sängbordstelefonen. Han försökte slå numret han fått men redan efter tre eller fyra siffror började det pipa irriterat i luren. Han prövade med att ändra på en och annan siffra, men det fungerade inte heller.

Lika bra att låta det vara, avgjorde Arne. Kanske kunde han förklara för flickorna i receptionen att de behövde byta ut apparaten i hans rum, eller be dem om hjälp att ringa där nerifrån. Samtidigt tänkte han att det inte var någon brådska; han hade ju nätt och jämnt hunnit vänja sig vid Berlin, det var förmodligen lika bra att skjuta upp mötet med mamma Violetta några dagar.

Han klädde på sig och bestämde sig för att gå ut och äta någonting. Allra helst *Bratwurst mit Kartoffelsalat*, det skulle ju vara ett klassiskt tyskt recept. Han kunde uttala det ganska bra trots att det var långt och krångligt, men han hade ännu inte provat på det. Det var rätt stor skillnad på att äta en maträtt och att bara säga namnet på den, tänkte Arne. *Himmelsvid*, som faster Polly brukade säga. Hursomhelst hade klockan hunnit bli halvsju och kurrandet i magen var igång igen.

Innan han gav sig iväg satt han en stund vid bordet och räknade igenom kassan. Lade sedlarna i prydliga buntar och mynten i staplar. Det såg snyggt ut på det hela taget och efter att ha summerat alltihop tre gånger kom han fram till att han för närvarande hade femhundratrettioåtta euro och sjuttio cent. Om han hade förstått det rätt när farbror Lennart förklarade borde det vara mer än fyratusen svenska kronor, så han behövde verkligen inte ta till det där opålitliga plastkortet på många dagar än. Det kändes skönt, de hade gått igenom hur det fungerade många gånger, och han hade testat i en automat hemma i K-, men han var långt ifrån övertygad om att det skulle gå lika enkelt i ett land som Tyskland. På den där restaurangen igår kväll hade det ju till exempel misslyckats kapitalt.

Detta var dock ett bekymmer han kunde skjuta på framtiden, förhoppningsvis också diskutera igenom med Perry Mason om det blev aktuellt. Han hade inte tagit Perrys tjänster i anspråk särskilt mycket än så länge i Berlin, bara ett par hastiga konsultationer, men han trodde nog att den briljante advokaten skulle få rycka in ordentligt förr eller senare.

Men detta om detta. Nu var det hög tid för mat. Eftersom han inte tänkte sig någon längre promenad lämnade han både karta, ordbok och ryggsäck kvar på rummet, och endast utrustad med sin välfyllda plånbok och sitt goda förstånd begav han sig ut på jakt efter en bratwurst.

Planen fungerade lika dåligt som telefonen. Han gick runt tre eller fyra kvarter och studerade matsedlarna utanför fem eller sex restauranger, det var verkligen gott om dem, men ingen av dem hade haft förstånd att placera en sådan urtysk anrättning som *Bratwurst mit*

Kartoffelsalat på menyn. Diverse turkiska specialiteter däremot, som det verkade – och kinesiska, och libanesiska, vad det nu var för något, men ingenstans en enkel men präktig korv med potatissallad. Arne förstod inte vad som låg bakom denna försummelse, men det hade börjat regna så smått igen och han bestämde sig för att byta taktik helt och hållet. Han passerade just ett slags kiosk, eller kvartersbutik möjligen, och eftersom den såg ut att innehålla både det ena och det andra, slank han in. Lika gärna kan jag käka på rummet, tänkte han, kanske kan jag ligga på sängen och titta på teve på samma gång.

Mannen i butiken talade dålig tyska, men efter tjugo minuter hade Arne fått ihop en kasse förnödenheter som borde hålla honom över svältgränsen genom kvällen och natten.

Tre påsar chips med olika smaker, två förpackningar kalla korvar, en rulle chokladkex, två påsar karameller, en stor burk blandade nötter samt två liter Coca-Cola. Den buttre expediten slog in alla varorna i sin kassaapparat, plockade ner dem i en plastkasse och förklarade att det kostade... ja, säg det? Hans tyska var verkligen urusel; Arne sträckte fram en femtioeurosedel och fick några mindre sedlar och en del mynt tillbaka.

"Godnatt med dig, lille gubbe", sa han på svenska och klev ut i regnet, som hade tilltagit. Blev stående på trottoaren, ett par ögonblick osäker om i vilken riktning han borde bege sig, men så kände han igen en möbelaffär snett över gatan och insåg att han egentligen bara behövde svänga om hörnet för att vara tillbaka på Hotel Munck.

Kein Problem, tänkte han och skyndade på stegen så mycket det gick, för att undkomma den typiska, illasinnade, berlinska nederbörden.

TREDJE DAGEN

1

"Currywurst?" sa mannen med den röda mustaschen. I övrigt var han svarthårig, men mustaschen var röd som en brandbil.

"Genau", svarade Arne.

"Mit Brot?"

"Jawohl."

Han stod utanför ett korvstånd i Tiergarten, den stora parken mitt i Berlin. Under hela förmiddagen hade han mått lite illa, inte ens frukosten på hotellet hade smakat bra och han misstänkte att det varit något fel på de där ölkorvarna han tuggat i sig under gårdagskvällen. Eller kexen eller chipsen. Men nu hade klockan blivit två och han kände sig åter i hyfsat fin form. Regnet hade för en gångs skull hållit sig borta; han hade vandrat in i parken från det som hette Bahnhof Zoo, korsat ett par vattendrag och följt en del ringlande stigar på måfå. Det var lugnt och stilla härinne och Arne tyckte det passade utmärkt efter de första dagarnas alla händelser och bestyr.

Det skulle bli en ledig dag, hade han bestämt. Farbror

Lennart hade uppmanat honom att turista en smula när han ändå var i Berlin, det skulle vara bortkastat att inte göra det. *Brandenburger Tor. Unter den Linden. Potsdamer Platz. Friedrichstrasse. Museuminsel.* Han hade en lista i anteckningsblocket. Anteckningsblocket låg i ryggsäcken. Ryggsäcken hängde på ryggen.

Och *Tiergarten* alltså. Det var en park där allt möjligt kunde hända och där tyskarna brukade sola nakna. Fast Arne hade inte sett några nakna tyskar den här dagen; himlen var visserligen bitvis blå och solen kom och gick, men det var säkert inte mer än tio grader i luften. Inte fasen låg man och frös på sina filtar och badlakan under sådana villkor? Arne antog att det var temperaturen som var avgörande, men man visste förstås aldrig.

Han fick sin papptallrik med hackade korvbitar och en rödaktig tjock sås. En rund brödfralla.

"Etwas zu trinken?"

"Nein", svarade Arne och betalade med en femma. Fick en och en halv euro tillbaka. Det var billigt. *Currywurst*, det skulle han komma ihåg. *Berliner Currywurst* till och med.

Om det var gott, vill säga, och redan efter den första tuggan insåg han att det var det. Riktigt gott. Kiosken med den trevlige försäljaren hette *Imbiss*, kanske var det hans namn. *Helmut Imbiss*, varför inte? Arne beslöt att lägga det på minnet.

Ledig dag, alltså. Plikterna fick vänta tills imorgon, han hade ju både det där telefonnumret och den där adressen i säkert förvar. Ett nytt kryss på kartan dessutom, så hans mamma skulle säkert vara infångad någon av de närmaste dagarna, det kände han sig övertygad om. Violetta Dufva... återigen såg han för sitt inre öga den där bilden där han satt med henne på ett kafé, hon var klädd i sin duvgrå dräkt (det hette inte duvblå, bestämde han, duvor var väl för tusan inte blå heller?) och de drack kaffe och åt bakelser. Hon log mot honom och berättade om sitt liv i Berlin, han bidrog med trevliga och träffande anekdoter från K-, och mitt emellan dem på bordet stod den mystiska platta asken...

Han slog sig ner på en bänk och tuggade i sig resten av korven och brödet. Kände att han var trött i benen och fötterna av allt vandrande. Aldrig i sitt liv hade Arne Murberg gått så mycket till fots som under de här första dagarna i Berlin. Han visste att hans kondition inte var i världsklass; hemma i K- rörde han sig sällan längre sträckor än mellan tobaksaffären och Frithiofs gata, och nu hade han tillryggalagt kvarter efter kvarter, kilometer efter kilometer, i denna jättestad, på jakt efter sin mamma, på ett uppdrag han inte fick svika. Det var nästan som om han spelade huvudrollen i en film, tänkte han, som om... som om det inte var riktigt på riktigt allt det här, människorna som strövade omkring i parken, det avlägsna larmet från staden, de två joggarna i röda träningsoveraller som sprang förbi, damen med hunden, en schäfer var det bestämt, de där ivrigt pratande och gestikulerande männen som såg ut som kineser, eller kanske var de japaner precis som servitrisen på restaurangen där han suttit den första kvällen och...?

Han märkte att han höll på att somna. Kastade papperstallriken (*Pappteller*, kom han plötsligt ihåg) i skräpkorgen som stod bredvid bänken, och eftersom solen just i samma stund bröt fram genom de tunna molnen bestämde han sig för en liten tupplur. Tio minuter eller en kvart, det kunde han vara värd. Han placerade ryggsäcken som huvudkudde, ställde skorna under bänken och sträckte ut sig raklång. Så skönt, tänkte han, så förtvivlat skönt det var att ligga på en parkbänk i Berlin, vicka på tårna och smälta maten, *Currywurst mit Brot*, och solen i ansiktet, ja, sannerligen...

Han vaknade med ett ryck. Någon hade ropat hans namn. I varje fall hade det låtit så. En kvinnoröst om han inte hört fel. Han kom upp i sittande och såg sig om. Fortfarande var det fullt med folk här vid ingången till parken – en av många ingångar – men han kunde inte upptäcka någon som såg ut att vilja honom något. Ingen som vinkade eller närmade sig honom. Måste ha varit en dröm, tänkte Arne, men samtidigt ville ropet inte lämna honom i fred. En lite äldre kvinna hade det bestämt varit, och plötsligt förstod han att det måste ha varit hans mamma.

Precis så. Mamma Violetta hade kommit till honom i en dröm medan han låg här och tog en tupplur på en bänk i just den stad där hon bodde – och hade bott så länge Arne Murberg, hennes son, hade funnits till mer eller mindre. Det fanns saker man inte kunde begripa, inte ens vanliga människor som aldrig dykt med huvudet före i en sjö och inte ens Perry Mason, och det här var en sådan sak. Kanske hade hans mamma väntat på honom under alla dessa år, förstått att han en dag skulle dyka upp, men hon hade av olika anledningar inte haft möjlighet att ta kontakt med honom... ja, när Arne funderade närmare på saken, med den nu riktigt värmande tyska solen i ansiktet, kunde han inte se någonting som talade emot en sådan historia, ett sådant sammanhang. *Ödet*, konstaterade han belåtet, men också lite sorgset, det är mitt och min mammas gemensamma öde och ingenting annat. Man ska leva för varandra.

Han böjde sig ner för att sätta på sig skorna och med ens förändrades läget.

De var borta. Hans gråsvarta Eccoskor stod inte längre kvar under bänken. Det var som...

Han ställde sig upp i bara strumplästen, böjde sig ner och tittade efter ordentligt. Till höger och till vänster, till och med i skräpkorgen, bara för säkerhets skull, men ingenstans fanns hans skor. Han visste precis var han hade ställt dem, exakt mitt under bänken, men mitt under bänken fanns just nu bara... ingenting.

Han satte sig ner igen.

Någon måste ha stulit dem medan han sov. En tysk tjuv hade smugit fram och norpat åt sig hans bägge skor, medan han som bäst låg och smälte sin currywurst och drömde om sin mamma Violetta. Så måste det ha gått till. Det var för bedrövligt. Han stirrade ner på sina bägge fötter i de blå strumporna, de såg utan tvivel ledsna ut och undra på det. De hade fått slita hund som aldrig förr här i Berlin, vandrat gata upp och gata ner som om de var på väg runt hela jordklotet, och nu... nu hade någon snott deras enda tröst och glädje: skorna. Fy fasen.

Utan skor i Berlin, tänkte Arne. Han kom ihåg att han en gång börjat titta på en film som hette *Utan trosor i Tyrolen*, men det här var någonting helt annat. Han hade tröttnat på filmen och trött kände han sig nu också. Trött och ledsen. Hittills hade han haft ett gott intryck av tyskarna, de hade visat sig vara ett ganska trevligt och hjälpsamt folk, men det här drog sannerligen ner betyget. Två stjärnor av fem, tänkte Arne. På sin höjd.

Han lutade sig tillbaka mot ryggstödet och slöt ögonen. Perry Mason, tänkte han. Vad säger du om det här?

Även om det tog en liten stund så dök Perry till slut upp i huvudet på honom. *Problem?* undrade han. Problem, tillstod Arne. De har stulit mina skor. *Aha?* sa Perry. Vad ska jag ta mig till? sa Arne. *Du måste köpa ett par nya skor*, sa Perry. Jag är med, sa Arne. Var då? *En skoaffär kanske?* föreslog Perry. Okej, sa Arne, och hur kommer jag dit? *Vill du gå i strumplästen?* frågade Perry. Nej tack, sa Arne, helst inte, så du menar att jag ska...?... *ta en taxi*, fyllde Perry i.

Det var det bästa med de här samtalen med Perry Mason, tyckte Arne. Perry hjälpte liksom till så att han kom på den bästa lösningen på egen hand. Eller nästan på egen hand. Det påminde rätt mycket om hur advokaten bar sig åt när han förhörde folk som satt i vittnesbåset under rättegångarna, de hade liksom svaren inom sig själva utan att veta om det.

Förrän Perry fiskade fram dem.

Lysande, tänkte Arne. Tack för den här gången, Perry. Jag tar förstås en taxi till en skoaffär. Det står ju för sjutton en hel rad taxibilar där borta.

Chauffören hade kastat en blick på hans fötter när han klev in i baksätet, men inte sagt något. Arne hade ingen aning om vad skoaffär hette på tyska, men efter att han förklarat på svenska en stund och letat i sitt lexikon utan att hitta rätt, verkade budskapet ha gått fram ändå. Man gav sig iväg i den täta trafiken, han körde utan tvivel en aning burdust, den här buttre chauffören, tyckte Arne, kanske var han släkt med expediten i gårdagskvällens kvartersbutik på något vis, de var lite lika faktiskt, samma köttiga näsa och samma sura mungipor – och efter mindre än fem minuters körning bromsade han in utanför någonting som måste vara ett varuhus. Ett jättelikt sådant av allt att döma; det såg ut att vara tio våningar högt och så tjockt att det sträckte sig längs ett helt kvarter.

Tjockt var det också utanför entrén. Av folk. Tiotusen eller däromkring, bedömde Arne.

"KaDeWe", sa chauffören.

Arne förstod inte vad detta betydde, men det stod 8,70 på taxametern, så han sträckte fram en tioeurosedel.

"Det är jämnt."

Chauffören tycktes förstå även detta utan översättning. Arne tackade, klev ur och började maka sig in i varuhuset.

2

Om det varit tiotusen ute på trottoaren, så var det tjugotusen innanför dörrarna. Alla hade skor på fötterna, Arne hoppades att det inte var förbjudet att gå omkring i strumplästen. Han hade ingen lust att bli arresterad igen, verkligen inte, och för säkerhets skull försökte han gömma undan fötterna så gott det gick. Det var en smula komplicerat men eftersom alla tycktes vara upptagna av vad de själva skulle handla i detta virrvarr av glittrande varor, och eftersom de var så många, så bedömde han att det gick bra. Man gick inte omkring och glodde ner i golvet, helt enkelt, och det var Arne tacksam för. Tyskarna var ett rakryggat folk som såg framåt och uppåt. Åtminstone när de var ute och shoppade, och det verkade varenda kotte vara den här eftermiddagen. Varenda berlinare i hela Berlin.

Frågan var hur han skulle hitta till skoavdelningen. På bottenplanet verkade den inte finnas; här luktade kraftigt av alla möjliga sköna dofter, parfymer och deodoranter och damtvålar, men så småningom lyckades han hitta fram till en radda rulltrappor. Lite planlöst började han åka uppåt och nedåt några gånger medan han försökte hålla utkik efter någonting skoartat, men det fungerade dåligt. Snart gav han upp och försökte istället läsa på en stor tavla på nedre botten, såvitt han förstod var det ungefär där han kommit in och till slut hittade han ordet *Schuhe*... vilket han var rätt säker på var vad han letade efter. Det stod en trea efteråt, vilket borde betyda att det var på den våningen dojorna befann sig. Han återvände till rulltrappan, tog sig utan nämnvärda problem upp till den nivå som han trodde var tredje våningen och begav sig in mellan montrarna. Tröttheten började komma över honom igen; lite modstulen och lite sliten kände han sig också, det var verkligen inget nöje att traska omkring i bara strumpläsien i detta eleganta varuhus. Men han tänkte att han måste klara av det, hitta fram till den där förbaskade avdelningen där det säkert fanns hur många par skor som helst att välja mellan, i hans storlek till och med (45), och...

... och det var då han fick syn på henne.

Han hade just kommit runt en kolossal stapel med orangefärgade vattenkannor när ett kvinnoansikte dök upp ovanför en lång disk där det låg travar av handdukar i olika kulörer.

Det var hon.

Hon. Det var hans mamma som stod där. Arne kände hur benen plötsligt höll på att vika sig under honom. Alla ljud runtomkring honom förvandlades till en skrikande gröt som attackerade hans stackars öron som en... ja, som en berusad ambulans eller nånting. Det flimrade för hans ögon, gula fläckar kom dansande i utkanterna av hans synfält och för att inte ramla omkull greppade han tag i armen på en liten kvinna som stod och vände och vred på en gammaldags guldfärgad väckarklocka alldeles intill honom.

Hans mamma. Det var hans mamma, Violetta Dufva, som stod där borta. Hon befann sig inte mer än sju–åtta meter ifrån honom, och hur han kunde veta att det var hon var en obegriplighet som inte behövde någon förklaring. Han bara *visste*.

Efter ett par sekunder stabiliserades läget. Benen kändes normala, syn och hörsel fungerade som vanligt igen och han släppte taget om väckarklockskvinnan, som blottat tänderna i överkäken och betraktade honom misstänksamt men utan att säga något. Arne brydde sig inte om henne, hade hela sin uppmärksamhet riktad mot sin mamma vid handduksdisken. Det var ju första gången i sitt liv han såg henne på riktigt (om man undantar hans första tolv–femton månader eller vad det kan ha varit), hon hade mörkt hår precis som på fotografiet, ett vackert, lite milt ansikte med pigga ögon, en tunn grön kappa som var uppknäppt och en gul sjal med något slags prickigt mönster i rött och svart. Svampar eller vad det var? Kanske fingrar?

Allt detta registrerade Arne medan han stod orörlig invid stapeln med vattenkannor. Även om han återfått balansen och hans sinnen verkade bete sig normalt, så kändes det egendomligt. Mäkta egendomligt, tänkte han, hur kan jag stå här i ett varuhus i Berlin och titta på min mamma? Hur är det möjligt? Hur kan jag veta så bergsäkert att det är hon, det måste ju vara mer än... ja, mer än trettio år mellan det där fotot och den där kvinnan i den gula sjalen. Hur kan jag känna igen henne?

Obegripligt, som sagt. Men Arne var ganska van vid obegripligheter, så egentligen var hans förvåning mindre än den skulle ha varit hos en vanlig människa.

Va? tänkte han. *Vanlig människa?* Vad menar jag med det? Skulle inte jag vara...?

Med ens började hon röra på sig. Hade tydligen bestämt sig för att inte köpa några handdukar alls, för hon vände både de färggranna travarna och Arne ryggen. Rättade till väskan som hängde i en rem över ena axeln och tog sig hastigt runt en monter med servetter. Eller kanske var det näsdukar, han kunde inte avgöra det och det spelade förstås ingen roll. Vad som var allvarligare var att han inte förmådde röra sig. Han stod som fastfrusen på fläcken i sina blå strumpor och såg sin mamma försvinna i folkhavet längre in i varuhuset.

Herregud, tänkte Arne. Vad är det med mig? Har jag blivit förlamad också? Har jag fått något slags chock? Här står jag som ett trasigt kylskåp i bara strumporna istället för att jaga efter min mamma. Nu när jag hipp som happ och utan förvarning hittat henne. Saticken också.

Han blundade och knöt händerna och det hjälpte. Han återfann sitt vanliga energiska jag och fötterna fungerade igen. Men det hade gått flera sekunder och han hade förlorat henne ur sikte. Skyndsamt förflyttade han sig i den riktning hon tagit. Trängde sig oförväget genom en samling äldre damer som stod och jämförde äggkoppar, rundade en hög småsyskon som låg i en driva på golvet och höll på att springa omkull en ung man i färd med att fotografera sig själv och sin fästmö med nya röda hattar på huvudet.

Men hans mamma var försvunnen. Under några minuter irrade Arne runt bland diverse människor och varor medan han spanade ivrigt åt alla håll, och så fick han äntligen syn på henne i en rulltrappa på väg upp till nästa våning. Han lyckades hitta trappmynningen, men tyvärr var det omöjligt att tränga sig förbi folk, de stod packade som sillar och när Arne äntligen kom upp till nästa plan var hon åter borta. Han visste heller inte om hon fortsatt ännu högre upp, det tycktes finnas hundratals våningar i detta gigantiska varuhus, men eftersom han måste bestämma sig, så bestämde han sig för att leta igenom avdelningarna på det här planet först, och sedan... ja, sedan visste han inte. Kanske kunde han åka ner och försöka bevaka utgångarna istället, men det fanns förstås inte bara en utgång. Säkert fanns det fyra eller fem eller arton.

På nytt flängde han runt i folkhavet, spanande efter en gul sjal och en grön kappa, han såg alla möjliga sorters sjalar och kappor men ingenstans de rätta, de som hängde på hans mamma, Violetta Dufva. Runt, runt famlade han bland alla dessa shoppande berlinare, spanande som en gök, nej, en hök, måste det förstås vara... en hök på jakt efter en dufva, en violett duva, nej, nu började orden bete sig precis som de ville i skallen på honom och ett par gånger blev han trampad på tårna dessutom, vilket gjorde särdeles ont nu när han mer eller mindre flaxade omkring alldeles barfota... det var ett liv och ett kiv.

Till slut orkade han inte längre. Hjärtat bultade som en hispig båtmotor i bröstet på honom, han hade upplevt en sådan en gång tillsammans med farbror Lennart och faster Polly, till slut hade motorn lossnat från båten och sjunkit till botten i sjön där de befann sig, vad den nu hette... men idag var det istället Arne som sjönk. Ner på en liten bänk invid en svartvitrandig pelare, närmare bestämt, alldeles vimmelkantig, alldeles utpumpad och han tänkte att det fick vara nog nu. Var dag har nog av sin egen plåga och dumt att svimma utan skor på fötterna på det flottaste varuhuset i hela Berlin, för han förstod att det måste vara det. Kanske det flottaste i hela världen. Bättre att ge upp innan han tuppade av och gjorde sig till åtlöje. Perry Mason skulle ha gett honom det rådet om han haft kraft att fråga om det, det var Arne övertygad om. *Ge upp, min vän! Lugna ner dig! Ta en paus!*

Han lutade huvudet i händerna, armbågarna på knäna. Andades djupa andetag för att låta pulsen gå ner och hjärtat återhämta sig. Hemma i K- brukade han ibland räkna sina pulsslag när han inte hade annat för sig, så han visste vad som var det normala. Sextiofyra till sextiosex. Han tog tid och räknade nu också, det började på hundratio och det dröjde en god stund innan han ens kom ner till sjuttiofem. Undra på. Så här känns det när man vunnit Vasaloppet, tänkte Arne Murberg.

Sedan lyfte han blicken och upptäckte att han var omgiven av skor.

En kvart senare var det klart. Först hade han haft svårt att välja, men när expediten, en trevlig ung man som pilade mellan hyllorna som en ekorre, presenterade ett par gula skinnskor med svarta snören, förstod Arne att det var precis vad han alltid velat ha på fötterna. Han kunde inte minnas att han någonsin sett ett par gula skor förr, i varje fall inte så blanka och eleganta som de här, och de passade verkligen perfekt på hans trötta fötter. Priset, etthundranittionio euro, var förstås rena fyndet. Det verkade damen i kassan tycka också, även om han inte riktigt begrep vad hon sa... någonting med *lebenslang*, han gissade att det betydde att skorna skulle hålla livet ut.

Det lyckade köpet gjorde att han åter kände sig väl till mods och vänligt stämd gentemot tyskarna. Det var ju för övrigt inte alls säkert att det varit en tysk som stulit hans gamla skor – som han numera inte saknade alls, snarare var det skönt att vara av med dem – det kunde förstås lika gärna ha varit en italienare eller en norrman på tillfälligt besök i Berlin.

Han bestämde sig också för att inte fortsätta leta efter sin mamma på varuhuset. Förmodligen hade hon vid det här laget klarat av sina ärenden och befann sig inte längre i byggnaden; imorgon skulle han bege sig bort till Kyff... strasse och ringa på hennes dörr, att han råkat få syn på henne idag var bara... ett förbud? Nej, *förebud*, hette det nog.

Han hittade tillbaka till rulltrapporna och några minuter senare stod han utanför entrén, han var inte säker på om det var den han kommit in igenom, men det hade ingen betydelse. Han tog sig över en gata till ett litet torg med ett kafé, som enligt en skylt hette *Wittenbergplatz,* och slog sig ner på kanten till en stor blomlåda av cement. På andra sidan en lite bredare gata fanns något som måste vara en tunnelbanestation. *U-bahn*. Med en lätt rysning tänkte Arne att om han begav sig ner i ett sådant hål skulle han säkerligen aldrig komma tillbaka upp till jordens yta igen. När folk försvann började det oftast med att de tog tunnelbanan, det hade han hört från många håll.

Istället vecklade han ut sin karta. Hittade både Wittenbergplatz och krysset som föreställde Hotel Munck, det tog en stund men det gick. Sedan tog han ut riktningen och begav sig iväg med spänstiga steg i sina nya skor. Hans fötter kändes livliga och glada, någonting bekvämare och elegantare hade de aldrig varit nerstoppade i. Mamma kommer att gilla dem skarpt när hon får syn på dem imorgon, tänkte han. *Här kommer min förlorade son i gula skor!* kommer hon att utropa. *Som jag har väntat på dig!*

Jag tycker man ska ha snyggt på fötterna när man är på resa, skulle han kanske svara.

3

Han fick ett litet kuvert av damen i receptionen, den blonda med glasögon, och när han kommit upp på rummet öppnade han det. Det var ett meddelande från farbror Lennart.

> *Arne, vad håller du på med? Vi kom ju överens om att du skulle skriva sms varje dag och berätta hur det går för dig. Vi har bara hört ifrån dig en enda gång sedan du kom fram till Berlin. Både faster Polly och jag är väldigt oroliga. Är allt väl? Har det hänt något? Hör av dig genast.*
> *Lennart, din farbror*

Arne läste texten två gånger, sedan knycklade han ihop meddelandet och kastade det i papperskorgen.

Sträckte ut sig på sängen utan att ta av sig skorna och somnade.

När han vaknade hade det mörknat över staden. Ännu en gång hade han drömt om sin mamma. De hade varit på semester tillsammans, hon och Arne, de hade rest iväg med flygplan någonstans och bodde på ett hotell som låg vid en lång sandstrand intill ett blått hav; de satt bredvid varandra i strandstolar och drack drinkar med små pappersparaplyer i och allt hade varit på det hela taget förträffligt – men när han satte sig upp på sängkanten försvann drömmen bort. Havet och stranden och drinkarna.

Mamma Violetta var dock inte försvunnen. Hon fanns kvar inuti huvudet på honom och tog sådan plats att där nästan inte rymdes något annat. Den där gröna kappan och den gula sjalen med fingrar på... så stilig hon sett ut där hon stod och valde servetter på varuhuset, nej handdukar. Violetta Dufva, som han tittat på så många gånger, där hon stod inom glas och ram på kommoden hemma i K-, på den tiden hon fortfarande var död efter den där olyckan i Danmark.

Och att han känt igen henne så bombsäkert efter mer än trettio år! Fått syn på henne bland alla miljoner människor i den här staden, nog var det vidunderligt? Bara för att han gått in i just det där varuhuset... bara för att taxichauffören kört honom just dit... bara för att någon just hade stulit hans skor medan han tog en lur på en parkbänk... bara för att han varit mätt och belåten efter den där korven med den röda såsen vad den nu hette... *Currywurst*, javisst! *Berliner Currywurst!*

När han tänkte på det viset, hur den ena händelsen följde på den andra, hur saker och ting liksom hakade i varandra ända fram till det ögonblick då... då han stod där bredvid stapeln av vattenkannor och såg sin mamma för första gången i sitt liv (på senare år i varje fall)... ja, då blev det som en karusell inuti huvudet på Arne

Murberg. Det snurrade och pinglade och tjöt och farten blev så hög att man inte ville fortsätta, man ville hoppa av och... och, ja, vad då? Göra vad då? *Vad göra?*

För så var det. Ibland gick livet så fort och var så snurrigt att man helt enkelt måste ställa sig i ett mörkt hörn och blunda för att inte tuppa av. Det gick inte att hinna med. Det gick inte att förstå. Det var så mycket som attackerade ens arma skalle att man kunde tro att den skulle sprängas.

Men som sagt: det var en känsla som Arne inte var obekant med. Det gällde bara att hitta sig själv igen. Och det brukade faktiskt hjälpa att stå en stund i det där hörnet och sluta ögonen, han hade prövat det förr. Stå där, eller sitta där, eller ligga där, och vänta på att allting lugnade ner sig, och om det inte fanns något lämpligt mörkt hörn, så kunde det räcka med att blunda. Kanske sätta händerna för öronen också, det tog några sekunder, ibland en halv minut, sedan började virrvarret bromsa, karusellen saktade farten, och så småningom kunde han kliva av i lugn och ro och tänka på det han ville tänka på.

En tanke i taget. Eller ingenting alls.

Det fungerade den här gången också. Efter några minuter satte han sig upp på sängkanten, tömd i huvudet på allt brus, men med ett tydligt kurrande i magen, en signal som talade om att det var dags att gå ut och äta middag. Var sak har sin tid.

Så satt han vid ett bord igen.

Det hade nästan blivit en vana att gå på restaurang. Efter bara ett par dagar i Berlin kände Arne att han behärskade allt som behövde behärskas när det gällde den pro... proceduren. Så här gjorde man: man spanade in ett matställe, det fanns tusentals av dem; tyska, turkiska, italienska, franska, med mera, med mera... man strök förbi utanför på gatan, sänkte farten lite och kikade in genom fönstret för att bedöma om det såg trevligt ut därinne. Oftast satt en meny invid dörren så man kunde få en uppfattning om vad som serverades och vad det kostade. Även om de flesta rätter fortfarande var en gåta för alla utom tyskarna själva.

När man väl kommit in och fått en plats var det lämpligt att studera menyn en gång till och när det så var dags, när servitören eller servitrisen kom och såg lite frågande ut, satte man fingret på en rätt som man trodde verkade god. Det han ätit hittills hade smakat utmärkt, så det innebar ingen större risk att ta en chans.

Det var bäst att välja Coca-Cola som matdryck, det fanns överallt, men den här gången, den här kvällen efter att han sett sin mamma på världens flottaste varuhus och efter att han köpt världens snyggaste skor, bestämde han sig för att pröva på en öl. Tyskt öl var vida berömt, det bästa i hela Europa, hade farbror Lennart påstått, samtidigt som han förmanat Arne att under inga omständigheter dricka mer än en. Han skulle säkert tycka om det, men det kunde vara lite lurigt eftersom man inte märkte hur mycket alkohol det innehöll förrän det var för sent. Arne hade fått intrycket att farbror Lennart i det här fallet vetat precis vad han talade om, att han åtminstone en gång i sitt liv druckit alldeles för många tyska öl och att han hade blivit ordentligt på pickalurven. Rätt åt honom, för övrigt. Kanske hade han råkat i slagsmål också, sådant hände.

"Ein Bier", avgjorde Arne och servitrisen nickade. Såg ut som om hon tyckte att det var ett klokt val. Att det passade utmärkt till den mat han skulle äta, vad i hela friden det nu var.

Ölen kom först, långt före maten, så långt före i själva verket att han hann tömma hela glaset innan den ångande rätten – stekt potatis, gröna bönor och något slags frodig köttröra, stod på bordet – så han passade på att beställa ett glas till.

God mat igen, kunde han belåtet konstatera, om än något mera saltad och kryddad än vad han var van vid. Detta hjälpte törsten på traven och när han hunnit halvvägs genom den väl tilltagna portionen var även den andra ölen urdrucken. Men han mådde förträffligt så han vinkade på servitrisen och fick ett tredje glas.

Så himla trevligt det var att sitta och äta och dricka öl på en krog i Berlin, konstaterade Arne Murberg. Han kunde inte få in i sin skalle varför han aldrig prövat på en sådan här givande sysselsättning tidigare. Men han hade förstås aldrig riktigt fått chansen, det var så det låg till; hans pappa, hans farbror och faster hade inte velat släppa ut honom i världen. På grund av det där som de kallade "hans handikapp". De hade alltid haft för sig att han inte skulle klara sig. Att han... att han skulle ställa till det för sig och råka i klistret på tjuvar och bedragare och hallickar och allt vad det hette, om man inte hade ögonen på honom.

De hade underskattat honom, helt enkelt. Så var det, precis så myndarföraktigt förhöll det sig.

Men Arne Albin Hektor Murberg hade bättre kontroll både på sig själv och på omvärlden än vad som allmänt ansågs, det kändes tydligt en kväll som den här. Lite långsam måhända, men inget dumhuvud. *Klein Dummkopf* – han visste till och med vad det hette på tyska. Han hade inte tillbringat mer än två och en halv dag i Berlin och redan hade han lyckats hitta sin mamma. Till exempel. Han hade hennes adress och telefonnummer uppskrivna och han hade sånär fått fatt i henne på det där varuhuset nu i eftermiddags. I förbifarten hade han passat på att köpa sig ett par nya skor, så eleganta att ingen i K- med omnejd hade sett på maken. Han kunde redan föreställa sig hur kunderna i tobaksaffären skulle kippa efter andan när de såg dem.

Han sträckte ut benen en smula snett under bordet så att skorna kom till synes nu också, så att även de andra restauranggästerna kunde beundra dem om de råkade kasta en blick åt hans håll. Jag är mannen med de gula skorna, tänkte Arne. Inte vem som helst. Perry Masons utsände medhjälpare i Berlin, skulle man nästan kunna säga. Ja, varför inte? I rättvisans tjänst, alla skurkars skräck och de sköna kvinnornas...

Servitrisen kom förbi, han passade på att beställa en öl till. Farbror Lennarts struntprat att man skulle låta det stanna vid ett glas var som vanligt rena dumheterna. Vad visste den där viktigpettern om världen? Hade han någonsin varit i Berlin för egen del? Icke, sa Nicke. På sin höjd Hamburg och knappt det. Och där hade han blivit full och råkat i slagsmål. Arne gratulerade sig på nytt till att ha gjort sig av med mobiltelefonen, så han slapp de där tjatiga meddelandena. Så mycket bättre att ta itu med saker och ting på egen hand, utan inblandning. Eller hur, Perry? Vad har du att säga om saken? Tycker inte du precis som jag?

Och Perry Mason sa att det gjorde han. Alla gånger – och den här kvällen tyckte han var som gjord för att hans pålitlige medarbetare kunde få sitta och ta igen sig ett par timmar, efter allt han uträttat så här långt. Det var han sannerligen värd.

Arne tyckte det var lite synd att Perry inte kunde sitta mittemot honom i verkligheten, på andra sidan bordet, för då skulle han ha passat på att bjuda honom på en riktig tysk öl, och sedan skulle de ha kunnat diskutera allt möjligt. Händelsen på varuhuset till exempel. Och hur han borde uppträda vid det första mötet med sin mamma, vad han borde säga, om han borde ha med sig blommor eller inte, och så vidare... imorgon eller kanske i övermorgon?

Men varför inte? tänkte han plötsligt. Lika väl som han låtsades att han hade Perry i huvudet kunde han väl låtsas att den kände advokaten satt mittemot honom på en restaurang i Berlin? Varför inte? Han visste ju trots allt att det hade med inbillning och fantasi att göra, och just nu kände sig Arne mer fantasifull än han kunde komma ihåg att han någonsin gjort.

Han drack ur ölen, vinkade på servitrisen och beställde

två glas till. Ett till Perry och ett till honom själv. Han märkte att servitrisen såg lite frågande ut, men Arne log bara vänligt mot henne och höll upp två fingrar i luften som en bekräftelse. Pekade på platsen på andra sidan bordet och sa:

"Ein für Perry, ein für mich!"

"Ach so", svarade servitrisen med ett lite gåtfullt tonfall, och en minut senare stod det två nya glas på bordet.

"Skål, Perry Mason!" sa Arne Murberg. "Trevligt att du hade tid att komma."

Skål, Arne Murberg! svarade Perry Mason. *Jag har alltid tid för dig, det vet du.*

Och så drack de var sin djup klunk. Underbart gott, skummande tyskt öl.

Vad som därefter hände, under resten av kvällen och natten, är alltjämt en gåta.

FÖRBEREDELSER I

1

Tiden var ett påfund.

Tiden *är* ett påfund.

Inte rummet. Rummet äger en stabilitet som tiden saknar.

I allt övrigt är de två sidor av samma mynt. Utan det ena, inte det andra. Utan det andra, inte det ena. Enkelt uttryckt.

Lägenheten var idealisk; under de första dagarna sedan han flyttat in hade Anatolis Litvinas nöjet att om och om igen konstatera detta. Möblemanget var enkelt, sammanhangslöst och funktionellt. Ingen teve, ingen telefon. Gammaldags badkar på lejontassar och ett väl tilltaget kylskåp. Ett elektriskt och fullt förnimbart luktspår av ozon, särskilt i vardagsrummet; han antog att det kom från något slags ventilationssystem, men det var underordnat. Korkmatta; inga onödiga textilier som kunde vara benägna att fatta eld; inga fastmonterade speglar. Han betvivlade att någonting – ens den obetydligaste detalj, en handduk, en tallrik eller den lätt haltande sovrumsbyrån med symmetrisk intarsia – hade tillkommit efter att den förra hyresgästen, han som blev mördad, försvunnit från Kyffhäuserstrasse 52.

Men åtminstone en sak, förutom kroppen, hade avlägsnats. Litvinas visste att mördaren hade skrivit *Barbarossa lever!* ovanför sängen i rummet där dådet fullbordats, men hyresvärden hade inte tyckt om det. Hade tapetserat om en vägg.

Undra på det, tänkte professorn. Undra på det.

Medan han försiktigt tassade runt mellan köket, vardagsrummet och sovrummet försökte han förnimma om där fanns någonting som störde, en fientlighet eller någon sorts anakronistisk oegentlighet, men han förnam ingenting av det slaget. Lika gärna kunde han ha befunnit sig i mitten av 1980-talet som idag: trettio år senare.

Och när han släckte ljuset om kvällen: längre tillbaka ändå. I en sorts utsträckt, perforerad och odefinierad tid som inte behövde fixeras i årtal eller ens i årtionde. Eller *lät sig* fixeras. Huset var byggt strax före förra sekelskiftet, men det var naturligtvis inte det första huset som stått på den här platsen. Inalles fanns här sexton lägenheter, fastighetsskötaren hette Hummler och bodde in mot gården på bottenvåningen. Han var gammal, en smula döv och skulle inte ställa till några bekymmer. Frun hade dött sex år tidigare och sedan dess var han – såvitt Litvinas förstått – sällan nykter efter klockan sex på kvällen.

Han hade gjort diskret research dessa första dagar. Kommit i samspråk med grannar, särskilt fru Morgenstern på tredje våningen och paret Polanski på fjärde (de hade en dövstum pojke men en pratsam papegoja som kompensation, de skämtade om detta förhållande). Bjudit Hummler på öl och en liten konjak, och överhuvudtaget vinnlagt sig om att framstå som ett positivt och redbart nytillskott i huset. Han var en stillsam, pensionerad professor som kommit hit för att ägna sig åt privat forskning på ålderns höst. Vänlig och ekonomiskt oberoende; det var inte oviktigt att man hade förtroende för honom när dagen V var inne.

V som i Valetta.

Valettas återkomst.

Georgs? Det var fortfarande en öppen fråga. Kanske skulle de komma tillsammans, hand i hand, kanske skulle Georg vara en vuxen man vid det här laget? En yngling åtminstone?

I vilket fall som helst skulle ingen av dem finnas kvar på Kyffhäuserstrasse 52 när experimentet var fullbordat. Inte Valetta, inte Georg, inte professorn själv. Frågor skulle komma att ställas och han märkte att det drog i kindmusklerna när han tänkte på att lägenheten ingalunda skulle bli lättare att hyra ut i framtiden. Kanske skulle tanken på att riva hela kåken komma upp. Faktiskt.

I kvarteret fanns såväl apotek som slaktare och en välsorterad färghandel. Redan efter tre dagar hade han införskaffat och forslat hem merparten av de ingredienser som behövdes. Jorden och svavlet fick vänta, det var ännu en vecka kvar till det rätta datumet och han visste hur han skulle gå till väga när det gällde dessa beståndsdelar. Mest angeläget var att samla blod, enligt all tillgänglig forskning borde en liter räcka, och varje kväll såg han till att tappa en deciliter ur sitt vänstra armveck; det var en enkel procedur och kylskåpets frysfack var den naturliga förvaringsplatsen.

Det allra viktigaste var dock att hitta medhjälparen, men professor Litvinas hyste inga tvivel om att även den detaljen skulle falla på plats. Makterna var med honom den här gången, han kunde känna deras pulserande närvaro varje kväll under ritualerna innan han gick till sängs. Närvaron och välviljan. Dörrvakternas godartade mummel vid tolvslaget, den genomborrade Bibeln och det ensamma stearinljuset. När tiden för öppningen var inne skulle medhjälparen vara på plats. Det gällde bara att vänta på ett uppdykande. Det vore heller inte tjänligt om det kom för tidigt. Sådana var nu en gång för alla villkoren; om han inte lärt sig någonting annat av Mordecai Bluum, så hade han i varje fall lärt sig detta.

2

Tipset om lägenheten hade kommit genom Hartwig Fink-Bodemann, den ende av de gamla kollegerna som inte övergett honom i samband med händelsen i Auerbachs källare. Fink-Bodemann var själv en törstande ensamvarg, specialist på mer eller mindre utdöda språk såsom östgotiska, koptiska och votiska. I Aarlach hade han varit inveklad i en eller två skandaler, unga pojkar som importerats från Nordafrika och en del annat av sådan natur, och Litvinas hade aldrig lärt känna honom närmare. Men Fink-Bodemann hade besökt honom på mentalinrättningen efter debaclet i Leipzig, både två och tre gånger, och såvitt Litvinas uppfattat det hyste han ett visst intresse för sin kollegas forskning. Det ockulta, det gränsöverskridande. Fink-Bodemann var en sökare, hade någonting intensivt och samtidigt råttaktigt över sin uppenbarelse; omgav sig med en oidentifierbar lukt också, som inte enbart kom från dålig hygien, även om den faktorn naturligtvis spelade in. Smutsen och isoleringen. Han saknade ett flertal tänder i underkäken, ingen visste varför. Litvinas mindes att han haft en byst av Swedenborg på sitt skrivbord.

"Jag förstår vad det är du är ute efter", hade han sagt. "Och jag tror jag har ett ställe att rekommendera. Kyffhäuserstrasse. Schöneberg i Berlin, det skulle passa som hand i handske. Det har en historia, både gammal och sentida. Jag behöver väl inte förklara kopplingen för dig... om det nu är Berlin som kommer att bli spelplatsen?"

Litvinas hade undrat över denna specifika kunskap. Hade Fink-Bodemann egna erfarenheter av den här typen av vetenskap? Det var inte omöjligt, trots allt; han var inte mer än fyrtiofem men gav intrycket av att vara äldre. Ett eller ett par decennier. Kanske mer än så om man räknade med *cirklarna*, betydligt mer.

I alla händelser hade Litvinas fått permission under två dagar och rest till Berlin för att kontrollera saken. Innan han släpptes iväg hade doktor Maertens förklarat att om någonting gick galet kunde han räkna med att sitta kvar på Majorna på livstid.

Men ingenting hade gått galet; han hade tillbringat fyra–fem timmar i kvarteren runt Kyffhäuserstrasse, strövat omkring och gjort mätningar med sina instrument och ganska snart kunnat konstatera att det verkligen förhöll sig precis som Fink-Bodemann hade påstått. Det *var* rätt plats, ingen tvekan om saken. Trots att det vid den tidpunkten återstått nästan fyra månader till den aktuella dagen så hade både vascografen och bautometern gjort tydliga utslag. 4,2 respektive 16,6 på de skalor han själv arbetat fram utifrån Kuhn-Farmer och Savonarola.

Och nu, sedan han flyttat in på riktigt i lägenheten, hade siffrorna stigit till det dubbla i bägge fallen. Neptunus stod rätt, Merkurius var på väg.

Tydliga tecken. Osvikliga tecken.

Och *Barbarossa*.

Sent på kvällen fem dagar före det rätta datumet tog han fram navelsträngen ur sämskskinnspåsen. Den hade förlorat en knapp decimeter på Vitön, men ännu återstod nästan trettio centimeter, och eftersom det var sista gången den skulle komma till användning var förlusten acceptabel. Varligt placerade han det tunna, ihoprullade röret i silverkalken med rött vin – två flaskor Chateau Mercasse, de hade tillsammans kostat över hundra euro men man fick inte fuska – och placerade badet på köksbordet, övertäckt med en svart duk. Tände ett stearinljus och började läsa ur Uppenbarelseboken. Med fast men återhållen stämma, orden kändes som en het vind från öknen.

I detsamma kom jag i andehänryckning. Och jag fick se en tron vara framsatt i himmelen, och någon satt på den tronen;

Och han som satt därpå var till utseendet såsom jaspissten och karneol. Och runt omkring tronen gick en regnbåge, som till utseendet var som en smaragd.

I två timmar satt han kvar och läste. Även ur Predikaren och Höga Visan. En myckenhet av ord, en myckenhet av kött i vardande, och när han lyfte på duken och kände efter hade navelsträngen mjuknat. Sannerligen; han rullade den försiktigt mellan tumme och pekfinger och kunde känna en lätt vibration, en indikation på liv. I ett glas skopade han upp ett par munnar vin. Drack och kände samma vibration när drycken letade sig ner genom strupen. *Sannerligen*.

Motstod frestelsen att ta en tugga av strängen.

Täckte över kalken. Blåste ut ljuslågan och gick till sängs.

Tiden är en fiktion. Inte rummet.

FJÄRDE DAGEN

1

När Arne vaknade visste han inte var han var.

Men han tänkte att det gjorde detsamma, eftersom han också var sjuk.

Svårt sjuk.

Det satt överallt: i huvudet, i magen, i hela kroppen.

Aldrig hade han mått så dåligt. Under några sekunder trodde han att han måste ha dött och hamnat i helvetet. Eller låg på sjukhuset åtminstone, eftersom han blivit överkörd av ett tåg.

Men när han kastade en blick nedåt, utefter sin kropp – och upptäckte att han hade kläderna på sig, ett par gula skor dessutom – antog han att han inte befann sig på sjukhus. Han visste ju hur patienterna brukade se ut där, instoppade under tunna ljusblå filtar, med ett handtag dinglande från taket och en plastslang i armen.

Riktigt alla kläder hade han inte på sig. Över en stolsrygg hängde hans jacka. Ut och in om han inte såg fel. Det såg slarvigt ut men det betydde ingenting en dag som den här.

Det luktade illa dessutom. Och smakade.

Spyor.

Utan tvivel. Någon hade kräkts och gissningsvis var det han själv. När han försiktigt drog med handen runt munnen kändes det lite kladdigt, men också lite intorkat, så det hade förmodligen kommit upp för en stund sedan. Några timmar kanske och kanske flera gånger, det var någonting på skjortbröstet också.

Men även detta kvittade. Det enda som betydde något just nu var huvudet. Det bultade så förtvivlat inne i Arne Murbergs arma skalle att han ville ropa på hjälp.

Han slöt ögonen och gjorde det också. Ropade.

"Hjälp... mig."

Det lät ynkligt och förtvivlat.

Han *var* ynklig och förtvivlad.

Och törstig. *Förtvivlat* törstig, skulle man kunna säga, det sved i halsen och tungan kändes som en uttorkad fotsula. Om bara inte huvudet dunkat så fruktansvärt skulle han ha sett till att leta reda på någonting att dricka.

Det borde väl finnas vatten åtminstone? Oavsett var han befann sig. Någonstans, en kran eller så... trots alla smärtor kunde han inte låta bli att undra över det. Var i all sin dar hade han hamnat?

Men han vågade inte vrida på huvudet och inte öppna ögonen igen. Det gjorde för ont.

2

Han måste ha somnat för han vaknade på nytt.

Läget var oförändrat. Mer eller mindre. Det gamla kräkset kändes mera intorkat, både i ansiktet och på skjortan. Det brände i magen, han var kallsvettig och pirrig över hela kroppen och huvudet var en tickande bomb.

Jag vill dö, tänkte Arne Albin Hektor Murberg. Det är lika bra. Jag har förmodligen hoppat på skallen i en ny sjö och tappat minnet igen. Jag vet inte var jag är, lika bra att allt tar slut med en gång. Fy för helvete.

Men han dog inte. Livet är segt till sin natur, han mindes att pappa Torsten hade brukat säga så. *Folk tror att det är lätt att dö, men på det viset är det ingalunda. Livet är som en*... vad var det han hade sagt?... *livet är som en vårta, man blir inte av med det i en handvändning.*

Och så, försiktigt som en fis i en kyrkbänk (också pappa Torsten), började minnet återvända.

Uppdraget.

Berlin.

Hotel Munck.

Pinket i parken och polisen.

Varuhuset... mamma Violetta!

De gula skorna.

Restaurangen! Den där restaurangen igår kväll... aha? Där ruskade minnet till ordentligt, men bleknade på samma gång på något egendomligt, lite skamset vis. Tyskt öl. Tyskt skummande öl. Flera glas... Perry Mason... *Skål, Perry Mason!*

Där tog det slut.

Men när han försiktigt öppnade ögonen och började se sig om förstod han åtminstone en sak: Han låg på sitt rum. I sin säng i sitt rum på Hotel Munck. Trehundratolv var det bestämt.

Hur hade han kommit hit? Ingen aning.

Vad var det för tid på dagen? Ingen aning.

Vad var det för dag? Ingen aning.

Kleine Ahnung.

Han rullade ur sängen, kröp på alla fyra ut till badrummet och kräktes.

3

Klockan kvart i nio på kvällen klev Arne Albin Hektor Murberg upp ur badkaret i rum 312 på Hotel Munck i Berlin. En halvtimme senare gick han ut och tryckte ner en plastkasse full med illaluktande kläder i en papperskorg i hörnet av Fasanenstrasse och Pariserstrasse: allt han haft på sig föregående kväll utom jackan och de gula skorna, som han hade gjort rena med hjälp av en handduk och en skvätt av hotellets flytande tvål.

Han var fortfarande sjuk och han mindes fortfarande inte hur han kommit hem föregående kväll. Han hade börjat bli en aning hungrig, men kände sig alltför kraftlös för att leta efter någonting att stoppa i magen. Det kunde vänta tills imorgon. Allt kunde vänta tills imorgon.

Istället gick han ett långsamt och lite darrigt varv runt kvarteret och återvände till sitt rum. Kontrollerade att han fortfarande hade kuvertet med pass och flygbiljett i sin ägo, samt räknade över kassan.

Det var inte mer än tvåhundrasexton euro, han undrade vart resten hade tagit vägen. Det borde ha varit mer, det måste ha gått åt ett par hundra under gårdagskvällen – ett par tusen svenska kronor! tänkte Arne förvånat – och plötsligt mindes han att han stått på knä på en gräsmatta medan han höll fast i en mager trädstam för att inte falla framlänges. Det var så jord- och lerfläckarna på byxorna hade kommit till förstås, skönt att han kastat bort dem och som tur var hade han ju ett par till.

Mer än så dök dock inte upp i Arne Murbergs minne. Bara den där eländiga gräsplätten i mörkret och den kalla, tunna trädstammen. Fy tusan.

Han skalade av sig kläderna, inklusive skorna, kröp i säng och somnade som en utsliten gris.

Bortkastat, var det sista han tänkte. Det här var sannerligen en bortkastad dag.

FEMTE DAGEN

1

Han satt på parkbänken igen. En aning darrig men fullt frisk. Sjukdomen hade gett vika under natten.

Tack och lov, tänkte Arne. Det skulle inte ha gått an att han blivit liggande i flera dagar, då skulle uppdraget ha blivit lidande. Ett förlorat dygn hade han råd med, särskilt om han fick fatt på mamma Violetta redan den här eftermiddagen. Han hoppades att det skulle bli så, men det var förstås möjligt att hon inte bodde kvar på den nya adressen heller. Att hon flyttat igen. Det kunde till och med vara så illa att hon inte längre fanns kvar i Berlin, och vad han i så fall skulle ta sig till, ja, det hade inte ens farbror Lennart haft några idéer om.

Fast han hade ju sett henne på det där varuhuset – eller hade han inte det? Problemet var... om han skulle vara ärlig, och ärlig skulle man vara, faster Polly brukade till exempel säga att hon var ärligheten själv, hon hade aldrig farit med osanning i hela sitt liv, och så hade hon heller aldrig haft dåligt samvete för någonting och sov som en oskyldig lammunge varje natt... men detta var lögn och förbannad dikt, hade farbror Lennart en gång anförtrott Arne, i smyg och man och man emellan, vad det kunde betyda... men bort med faster Polly och farbror Lennart nu, det nuvarande problemet var alltså att han, det vill säga Arne Albin Hektor, så här i efterhand hade börjat tveka. Var det verkligen mamma Violetta han sett på varuhuset? Hur kunde han vara så säker på det? Han hade varit helt övertygad när hon stod där i sin gröna kappa och sin gula sjal och valde servetter, nej handdukar, det mindes han, men nu, två dagar senare, hade tvivlet smugit sig över honom. Kunde man faktiskt känna igen en kvinna som man inte sett på mer än trettio år och när man själv i stort sett bara varit en bebis när hon försvann? Ens om hon var ens mamma? Var det möjligt?

Bra fråga, tänkte Arne Murberg. Det brukade de säga i polisserierna han ibland tittade på hemma i K-.

Bra fråga. Och de sa det bara när de inte hade en susning om svaret.

Det hade funnits ett nytt meddelande i hotellreceptionen nu på morgonen.

Hör av dig, Arne!
Din farbror Lennart

Han hade inte hört av sig. Kanske skulle han ha gjort det om han haft kvar mobilen, men det hade han ju inte. Han kastade bort meddelandet och tänkte att han skulle prova telefonen på rummet lite senare. Ringa till tjatfarbror och tjatfaster och förklara läget – ikväll eller imorgon, beroende på hur dagen utvecklade sig. Be om hjälp av damerna på hotellet om apparaten fortfarande var trasig. Kanske också ringa det där numret till mamma Violetta medan han ändå var i farten.

Om han nu inte fick fatt i henne före dess. Faktum var att han började känna sig en aning pissomistisk när det gällde den saken. Eller vad hette det... *postmodernistisk* kanske? Herregud så långa ord det fanns, och inte bara på tyska. Lite ensam och lite övergiven i alla fall, det var det han menade, och det var på det viset det stod till med honom den här dagen.

Men det var ju så det var, tänkte Arne och drog en suck på sin bänk. Med livet och med honom själv. Även hemma i K- kunde det hända att han vaknade vissa morgnar och inte ville stiga ur sängen bara för att allting kändes så ledsamt. Så trist och meningslöst på något sätt. Vad var det för poäng med att Arne Albin Hektor Murberg klev upp ur sängen och levde? Han hade inga vänner, inte en enda, eftersom han var som han var; det var ingenting som bekymrade honom nitton dagar av tjugo, men den tjugonde, till exempel en sådan där trist morgon på hösten när det regnade och blåste småspik och man hade halsbränna, då kunde det kännas som en sten. En stor och tung sten som han måste gå omkring och släpa på och som hette *Sorg*.

Ibland gick den att kasta bort, ibland inte.

Ibland, rätt ofta faktiskt, hjälpte det att få någonting i

magen. En kopp kaffe och en kanelbulle åtminstone. Ett par pannkakor.

Och nu satt han här och gjorde just det. Fick någonting i magen. Fast inte bullar eller pannkakor; han tuggade currywurst, som man gjorde i Berlin. Hade precis stoppat de första bitarna i munnen med hjälp av den ynkliga lilla plastgaffeln, och om han inte tog fel var humöret redan på uppgång. *Vägen till lyckan går genom magen*, hade pappa Torsten brukat säga – innan han blev dyster och dog, vill säga, men Arne kom mycket väl ihåg det trots att det var flera år sedan – och kanske var det inte svårare än så. Man kunde inte vara hungrig och lycklig på samma gång. Och inte mätt och olycklig.

Han tänkte att han saknade sin pappa.

Men var man död, så var man.

Den där bänken i ett hörn av Tiergarten, alltså, det var där han satt. Samma bänk som i förrgår. Den hade varit ledig den här dagen också – eller *hade blivit* det, eftersom ett par nätta gamla damer med ett par nätta knähundar lämnat den precis när Arne kom med sin currywurstbricka. Det var runt lunchtid, han hade inte planerat att gå just hit, men det var som om fötterna fått en egen vilja. Kanske berodde det på gulingarna – han tyckte om att tänka på skorna med det ordet: mina *gulingar* – för det var faktiskt som om de hade hittat vägen till Helmut Imbiss och bänken av sig själva. Vilket förstås var lite märkligt, de hade ju inte varit här förra gången, inte varit med när han blev av med sina gamla *gråingar*.

Hursomhelst ska man inte ändra på en god vana, så Arne hade hängt med.

Utan att titta på kartan en enda gång! *Isch bin ein Berliner.*

Solen sken. Han hade häktat av sig ryggsäcken, och medan han stoppade de läckra korvbitarna (lika goda den här dagen, om inte godare) i munnen höll han utkik efter misstänkta individer. Folk som skulle kunna vara skotjuvar, men det var svårt att veta hur en skotjuv egentligen såg ut. Kanske som en vanlig människa, vem som helst. Eller möjligen någon som gick barfota? Arne tuggade och funderade. Ja, kanske var det en sådan stackare som hade snott hans gamla skor, och när han tittade ner på gulingarna (som han på nytt blankat upp med hudlotion på morgonen) tänkte han att han faktiskt inte hyste särskilt mycket agg mot skurken. Det gick ju nästan att betrakta det hela som någonting... *nödvändigt*, även om ett brott hade blivit begånget. Man stjäl inte ett par skor om man inte behöver dem.

"Eller hur, Perry?" frågade han rakt ut i luften.

No objection, svarade Perry Mason.

"Ta från de rika och ge till de fattiga. Som Robin Hood, eller hur?"

No further questions, sa Perry.

Perry Mason drog sig tillbaka, men pappa Torsten dök upp istället. Nästan omedelbart fick Arne ett sting av dåligt samvete. Här satt han i solskenet på en parkbänk och tuggade korv, när han egentligen borde vara på jakt efter sin mamma. Det var därför han befann sig i Berlin, på något vis var det som om han ville glömma bort det. Strunta i uppdraget och göra någonting helt annat. Det vimlade av människor runtomkring honom, varför skulle det vara just han som måste leta reda på Violetta Dufva? Likaväl kunde väl den där damen i den vita jackan eller mannen som satt i gräset och läste en tidning rycka in, eller...

Därför att hon är DIN mamma, ditt nöt! avbröt pappa Torsten irriterat. *Hon är inte mamma till någon av de andra människorna. Du är den du är och hon är den hon är.*

Ja, precis så är det, tänkte Arne och skrapade upp det sista av currysåsen. Det finns bara en människa som sitter just här just nu, och det är jag. Och bara en människa som är min mamma och det är Violetta Dufva.

Detta var ett par nya och oväntade tankar och han höll kvar dem en stund. Så här var det: han satt på en bänk som stod placerad mitt i världen i en stad som hette Berlin och allting runtomkring honom, människorna, träden, husen, fåglarna och den där korvkiosken var liksom... *längre bort.* Eller kanske var det ingen ovanlig tanke, trots allt, knappt en tanke ens, egentligen, bara en massa vilsna ord som ramlat ur en burk som någon vält omkull och som Arne råkat få fatt i, och så kände han sig med ens sömnig igen. Om det fanns någonting som skilde honom från andra människor, ja, det fanns förstås en massa sådana saker, men en av de viktigaste var utan tvekan att han sov så mycket. *Arne kan sova tjugofem timmar om dygnet*, mindes han att faster Polly sagt en gång, men det hade hon fått om bakfoten, för till och med han visste att det bara gick tjugofyra timmar på ett dygn.

Hursomhelst kunde det vara lagom med en tupplur nu efter korven, det hade nästan blivit som en vana att sova en stund på den här bänken, som om den var hans egen på något vis, men idag lät han bli att ta av sig skorna.

Av skadan blir man vis och solen sken fortfarande. Han placerade ryggsäcken som huvudkudde, sträckte ut sig, slöt ögonen och hoppades att han skulle drömma om mamma Violetta.

2

Det gjorde han inte, han drömde inte om ett dugg. Vaknade efter en stund, köpte en ny currywurst av herr Imbiss, när han nu ändå var på plats, sköljde ner med en Fanta och så gav han sig iväg. Plikten bakom allt, som sagt.

En knapp timme senare hade han letat sig fram till Kyffhäuserstrasse 52. Det där med karta och storstäder gick numera som en dans, vem var det som hade påstått att Arne Murberg inte kunde klara sig ute i världen? Han trodde till och med att han kunde det krångliga namnet på gatan utantill vid det här laget. Inte uttala det högt förstås, men för sig själv inuti huvudet.

Numret också, för det var precis så många kort som det går i en kortlek. Utan jokrar.

Det var ett grönt och lite blekt hus i flera våningar. Porten var röd och där fanns en butik på hörnet, mot Frankenstrasse, där man kunde köpa uppstoppade hundar. Arne undrade varför man valde en uppstoppad hund om man kunde ha en levande. Men kanske var det ett bra alternativ för gamla eller halta människor som inte orkade gå ut så mycket. Hundar krävde motion och kunde till skillnad från katter inte gå på toaletten inomhus, det var allmänt känt.

Men det var inte för att köpa hund som han kommit hit, och en uppstoppad mops (farbror Lennart och faster Polly hade haft just en sådan sort under en kort period, fast levande, åtminstone till en början) var säkert ingen vettig present att komma dragande med till en mamma man inte träffat på evigheter. Han ruskade på skallen för att bli av med funderingen. Nu gällde det att koncentrera sig. Kanske stod Violetta Dufva just i det här ögonblicket och tittade ut genom sitt fönster, ja, så kunde det mycket väl vara. Kanske hade hon ställt sig där för att kontrollera vad det var för väder ute i Berlin den här eftermiddagen, innan hon gick till affären för att köpa ägg, kaffe och hushållspapper – men nu undrade hon istället vem den där trevlige unge mannen på andra sidan gatan kunde vara. Han med de eleganta gula skorna. Verkade bekant på något vis.

Arne sträckte på sig och rättade till håret. Höjde blicken och lät den svepa över raderna av fönster. Det var fem rader ovanpå varandra, fem våningar alltså, och åtminstone åtta på bredden som borde tillhöra 52:an. Han räknade lite fram och tillbaka i huvudet och kom fram till att det i så fall rörde sig om fyrtiofem stycken. På ett ungefär. Fyrtiofem mörka fönster innanför vilka vad som helst kunde dölja sig.

Fast kanske räknade han fel. Han hade aldrig fått riktig ordning på multiplicerandet efter olyckan, och för tillfället var det oväsentligt. Han kunde ändå inte upptäcka något kvinnoansikte bakom någon av rutorna, inget mans- eller barnansikte heller för den delen, så det var bara att ta gud i hågen och försöka ta sig in i kåken.

Det finns saker man inte får lämna ogjorda, påminde pappa Torsten från sitt hemliga gömställe mellan öronen på sin son. Arne höll med, såg sig om åt höger och åt vänster och korsade Kyffhäuserstrasse.

Den här gången hade han tur. Av någon anledning stod porten ut mot gatan öppen. Eller på glänt åtminstone, någon hade lagt en ihoprullad tidning i springan så att dörren inte skulle gå i lås. Arne tänkte att det antagligen var någon som hade beställt en pizza och inte ville gå ner för alla trapporna för att hämta den. Så gjorde man i alla städer världen över.

Han kom in i trapphuset och liksom på Knobelsdorffstrasse för ett par dagar sedan fanns det en tavla på väggen där hyresgästerna, de som bodde i huset, stod förtecknade. Arne ställde sig framför den och började läsa, våning för våning.

Det tog en stund för de var många. Där fanns namn som Zimmermann, Polanski och Brahms-Bergh. Caravaggio och Hummel. Knackenbach och Runke, man kunde tydligen heta nästan vad som helst i Tyskland.

Men inte någon Dufva och inte någon Lummersten. Fast han var ganska övertygad om att hans mamma aldrig hetat Lummersten, hade man ett så fint namn som Dufva höll man nog fast vid det hela livet.

Det var lugnt och stilla härnere på bottenplanet. Väggar med gröna kakelplattor, lite mörkare grönt golv med stora rutor och snirkligt mönster. Arne tyckte det såg fint ut; det luktade nyskurat också, som om någon just svabbat golvet med skurtrasa och såpa, det brukade faster Polly göra hemma i K-, trots alla sina sjukdomar, så Arne var väl bekant med doften. Lite längre in stod en cykel och en barnvagn parkerade och där fanns också en dörr som ledde ut till en innergård. Antagligen i alla fall, dörren hade ett sådant där dimmigt glas på övre halvan, så att man bara kunde ana vad som fanns på andra sidan. Aningar, aningar, tänkte Arne filosofiskt. Det är så mycket man bara anar. Någonstans från de övre våningarna hördes pianomusik, han tänkte att det nog var någon som övade, för då och då gjordes pauser och samma korta musikslinga återkom om och om igen.

Han gick igenom listan med namn en gång till, bara för säkerhets skull. Nerifrån och upp istället för tvärtom som vid det första försöket.

Det hjälpte inte. Det fanns ingen Dufva nu heller, men på fjärde våningen bodde någon som hette Vogel. Han hade för sig att det var det tyska ordet för fågel, visst var det så? Och sakta började två kugghjul snurra inne i Arnes hjärna. *Dufva* och *Vogel*? Duva och fågel? Det hängde ihop, utan tvivel var det så... om man var en duva så var man också en fågel. På samma gång så att säga, och... ja, och vad då? Här fanns ett samband som han just var på väg att lista ut, ungefär på samma vis som Perry Mason brukade upptäcka samband som ingen tidigare tänkt på. Som alla hade missat. För om... *om* det var så att mamma Violetta fått för sig att byta namn när hon ändå bytte adress i Berlin – från Knobelsdorffstrasse till Kyffhäuserstrasse, så fanns det väl ingenting som var naturligare än att hon valde *Vogel*. Självklart, det passade hur bra som helst. Eller hur?

Eller hur? Arne stod kvar framför namntavlan medan han vände och vred på resonemanget, och till slut kom han fram till att han ju ändå inte hade något att förlora. Om han ringde på hos den här människan Vogel och det visade sig vara någon helt främmande typ, en stor tysk slaktare eller en konduktör, till exempel, ja, då kunde han väl bara förklara att han var ute för att sälja jultidningar och att han tagit miste.

Nej, förresten, det vore en dum bortförklaring, och dessutom var det antagligen svårt att få till den på tyska. Men hursomhelst måste han undersöka hur det stod till med mysteriet Dufva-Vogel. Perry Mason skulle aldrig låta en sådan möjlighet glida honom ur händerna.

Inte Arne Albin Hektor Murberg heller.

Han tog trapporna upp till fjärde våningen, eftersom han inte litade på hissen. Tyskarna var visserligen ett duktigt hantverksfolk som mycket väl förstod sig på att bygga hissar, men man visste aldrig. Kanske hade man lånat in en skåning eller en spanjor i just det här huset och Arne hade ingen lust att bli fast mellan två våningar.

Det var fler trappsteg än han kunde räkna till och han var tvungen att stå och återhämta sig en stund när han kom upp till rätt våningsplan. Han hade ju ingen lust att stå och flåsa som en sjuk elefant framför sin mamma. Tvärtom, han ville göra ett så gott intryck som möjligt, så att mamma Violetta blev överförtjust över att äntligen få se sin son som hon inte träffat under så lång tid.

Nästan aldrig om man skulle vara noggrann.

Han såg sig om. Där fanns fyra olika dörrar, alla i samma blanka, ljusbruna färg. På två av dem stod namnen Zimmermann och Brahms-Bergh, på den tredje Vogel och den fjärde och sista dörren saknade namnskylt. Arne tog upp sin kam ur bakfickan och drog den några gånger genom håret, kontrollerade att kläderna och ryggsäcken satt bra, att gulingarna var välputsade och att pulsen gått ner till sjuttiofem slag per minut.

Därefter satte han fingret på ringledningsknappen och skickade iväg en lång brummande signal.

Tog ett steg tillbaka och väntade.

Ingenting hände.

Han provade en gång till.

Och väntade.

Ingenting.

Hon ligger förstås i badet, tänkte han. Jag väntar fem minuter och ger henne en chans att torka sig och få på sig sin badrock.

Men det hann inte gå fem minuter. Efter lite drygt tre öppnades istället dörren till höger om Vogeldörren, den som saknade namnskylt. En äldre herre kom ut. Han var lång och mager, klädd i en svart skrynklig kostym och vit skjorta, uppknäppt i halsen. Håret var grått och yvigt och Arne tyckte att han såg ut som en skådespelare han sett i många filmer och som alltid brukade spela någon sorts skurk. Han verkade inte ha rakat sig på tre eller fyra dagar heller, skäggstubben hade samma färg som håret, och i pannan, alldeles ovanför ena ögonbrynet, satt en mörkröd fjäril.

Nej, det var bestämt ingen fjäril, det var en sådan där fläck som aldrig gick att få bort... ett födelsemärke. Naturligtvis, varför skulle man gå omkring med en fjäril i pannan?

De blev stående och stirrade på varandra, mannen i sin egen dörröppning, Arne framför Vogeldörren, med ryggen åt den. Det gick flera sekunder, och långsamt, mycket långsamt, började någonting hända. Arne kände hur en surrande matthet kom krypande i kroppen, som om han höll på att få feber, och när han letade i sin skalle efter någonting att säga, så susade det bara ödsligt och tomt därinne, ungefär som det gjort när han suttit vid pappa Torstens dödsbädd en gång för längesedan.

Fast så längesedan var det förstås inte. När han tänkte efter insåg han att det inte kunde ha gått mer än några...

Mannen sa något. Dov, lite hes röst, nästan viskande. Arne förstod inte.

Mannen suckade. Ryckte på axlarna och visade sina handflator. Arne förstod inte vad detta betydde heller. Men så, äntligen, fick han fatt i några tyska ord.

"Isch suche mein Mutter?"

"Aha?" väste mannen. "Deine Mutter?"

"Genau", svarade Arne. "Mutter."

Han fick av sig ryggsäcken och fiskade upp meddelandet. Steg fram till mannen, som fortfarande stod kvar i sin dörröppning, och räckte över det.

ICH SUCHE MEINE MUTTER. IHRE NAME IST VIOLETTA DUFVA ODER VIELLEICHT VIOLETTA LUMMERSTEN. SIE WOHNTE HIER IN DIE ACHTZIGEN, VIELLEICHT SPÄTER. KÖNNEN SIE MIR HILFEN?

Medan mannen läste med en lätt förbryllad min kom Arne på att det inte stämde riktigt, det som stod på lappen. Mamma Violetta hade ju inte bott i det här huset på åttiotalet, hon hade flyttat hit betydligt senare, för tio år sedan eller däromkring. Men han begrep inte hur han skulle bära sig åt för att förklara det för den här märklige herren.

Märklig?

Ja, *märklig*. Varför hade han ingen namnskylt på sin dörr till exempel? Varför stack det upp en spruta ur bröstfickan på honom och varför såg han plötsligt så nöjd ut? Han hade läst meddelandet och räckte tillbaka anteckningsblocket med ett leende. Ett snett leende, det såg mera ut som om han hade tandvärk, tänkte Arne, men samtidigt fanns där något vänligt och... vad hette det?... tillmötesgående?... i hans ögon.

Så kom han på fotografiet. Han fick fram det ur innerfickan och räckte över det också.

"Mutter", sa han. "Violetta Dufva..."

Mannen tog emot fotot. Höll upp det tätt framför sitt

ansikte och iakttog det noggrant. Och med ens – ungefär som det brukade se ut hos Perry Masons domare när han till slut lyckades fatta vem som var den riktige mördaren – förändrades hans ansiktsuttryck. Munnen öppnades och Arne kunde höra hur han andades. Tungt, nästan flämtande. Ögonbrynen åkte upp i pannan så att fjärilen tycktes röra på sig. Han stirrade länge på bilden av mamma Violetta.

"Was hast du gesagt?" sa han långsamt och viskande. "Violetta Dufva...? Aber... das hier ist Valetta... Valetta Pates. Genau wie sie war wenn wir..."

Han avbröt sig och tittade på Arne. Intensivt men ändå liksom flackande med blicken. Arne förstod inte vad det var han sagt, men han förstod en sak. Mannen hade känt igen henne.

Känt igen Violetta Dufva.

Visste vem hon var.

Att hon var... kanske att hon var Violetta Vogel? Att de bodde grannar. Att hon fanns innanför dörren där Arne just ringt på. Eller...?

På nytt kände han hur yrseln kom över honom. Karusellen i hans hjärna satte igång och knäna höll på att vika sig under honom. För säkerhets skull tog han ett steg åt sidan och lutade sig mot väggen. Mannen kom fram till honom och lade en hand på hans axel.

Sa något med *hilfen*, som Arne visste betydde *hjälpa*, det stod förresten på meddelandet, och tecknade med den andra handen in mot sin lägenhet, där dörren fortfarande stod på vid gavel.

Han vill hjälpa mig, tänkte Arne. Han tänker ge mig ett glas vatten och sedan visa mig vägen till min mamma. Idag har jag sannerligen tur.

"Isch bin Schweden", sa han och så gjorde de sällskap in.

3

Det var en konstig lägenhet. Liten och mörk med tunga gardiner för alla fönster, det enda ljus som Arne uppfattade kom från två brinnande stearinljus som stod på köksbordet.

Det var hit de begav sig, till köket. Mannen hade fattat tag med en hand under hans vänstra överarm, nu förde han honom fram till bordet och tryckte ner honom på en stol. Satte sig själv på den andra stolen, det fanns bara två, lutade sig framåt med armbågarna på bordet och betraktade sin gäst utan att säga någonting. Inte ett ljud, men han nickade för sig själv, som om han höll på att fundera över någonting, en överläggning, någonting som hade med Arne att göra men som samtidigt inte hade det. Det kändes... ja, det kändes inte särskilt behagligt.

"Jaha, vad ska vi göra nu?" frågade Arne på svenska. Det kändes skönt att bryta tystnaden, även om Fjärilsmannen (han bestämde sig för att kalla honom så tills vidare) inte fattade ett ord av vad han sa. "Det är alltså min mamma det gäller. Det är därför jag har kommit hit..."

Fjärilsmannen förstod inte, det märktes, ändå log han och nickade ett par gånger till. Började humma lite lågt för sig själv medan han rullade en metallkula, som han plockat upp ur kavajfickan, fram och tillbaka över bordsskivan. Fram och tillbaka, fram och tillbaka.

"Kein Problem", sa han så. "Ich kenne gut deine Mutter."

"Va?" sa Arne.

"Ich kenne gut deine Mutter. Violetta Dufva... verstehst du?"

Arne gjorde sitt bästa för att tolka meddelandet, och kom fram till att det betydde att mannen verkligen kände hans mamma. Han hade antagligen också frågat om Arne förstod.

"Jawohl", svarade han. "Verstanden alles."

Fjärilsmannen lämnade tillbaka fotografiet och log igen. Det var något med hans leende som Arne tyckte var lite egendomligt. Kanske var det själva tänderna, som om de ville kravla ut ur munnen på något vis, och när överläppen drogs upp hände också något med ögonen, det gnistrade liksom till därinne, som en ficklampa som tänds längst in i en lång tunnel.

Konstigt, tänkte Arne. Konstiga tankar jag får. Men jag befinner mig förstås på uppdrag i Berlin, då kan vad som helst hända.

"Hypnosis", sa Fjärilsmannen.

I varje fall lät det så. *Hypnosis?* Vad menade han med det?

Arne hade ingen aning. *Kleine Ahnung*, som sagt, men

eftersom den här egendomlige mannen uppenbarligen hade en ledtråd som gick till mamma Violetta, så var det säkrast att hålla god min.

Tänkte Arne Murberg, drog två djupa andetag och nickade bekräftande.

"Hypno... sehr gut!"

Fjärilsmannen utropade något med en förfärlig massa sje-ljud i. Sedan slog han ihop händerna och tillade: "Heute probieren."

"Probi...?" sa Arne.

"Kommen Sie bitte mit!"

Han reste sig och drog med sig Arne ut ur köket. In till ett av de mörka rummen, där han tände en liten lampa som stod ovanpå en byrå. I övrigt fanns ingenting i rummet förutom en säng vid den ena väggen samt en stol som var placerad på golvet vid huvudändan av sängen. Fjärilsmannen satte sig på stolen och tecknade åt Arne att lägga sig på sängen. Eftersom Arne vid det här laget började känna sig ganska utmattad åtlydde han uppmaningen utan protester. Sträckte ut sig raklång på rygg, efter att först ha tvekat ett ögonblick över huruvida han borde ta av sig skorna eller inte. Men eftersom han hade dåliga erfarenheter av att somna utan skor i Berlin, och gulingarna dessutom såg nyare och finare ut än någonsin, beslöt han att låta dem sitta på.

Fjärilsmannen hade ingenting att invända gentemot detta. Tvärtom, han såg på samma gång nöjd och koncentrerad ut. Vad han hade i tankarna var det inte lätt att gissa, verkligen inte, men nu plockade han fram ytterligare ett litet föremål ur en av kostymens många fickor. Till sin förvåning såg Arne att det var en sådan där glasbehållare med sand i... det tog ett par sekunder innan han kom på vad det hette. Ett *timglas*, javisst! Han hade för sig att man förr i världen, innan klockorna var uppfunna, hade använt sådana manicker för att mäta tiden. Men vad i hela friden mannen skulle ha en sådan tingest till nu... ja, det var ännu en konstighet.

Fast Arne tänkte att han började bli van. I stort sett vad som helst kunde hända i Berlin och eftersom han var så trött brydde han sig inte om att vara förvånad. Bättre att passa på att ta en lur medan man ändå låg på rygg, bestämde han, och tydligen var detta precis vad Fjärilsmannen också hade i kikaren... som det hette. *Vad har du nu i kikaren?* brukade faster Polly säga när hon kom på Arne med att stå framför kylskåpet och leta efter någon liten lämplig godbit.

Och det Fjärilsmannen hade i sin kikare verkade vara att Arne skulle göra just det han längtade mest efter för tillfället. Ta en tupplur.

"Schlafen", väste han med sin rostiga röst, och Arne visste mycket väl att det betydde just *sova*.

"Schlaaaaafffeeen...", upprepade han så långsamt att det nästan inte var möjligt att hålla ögonen öppna. Och så lyfte han upp timglaset och rörde det försiktigt fram och tillbaka framför ansiktet på Arne.

Fram och tillbaka. Fram och tillbaka.

"Eins... zwei... drei... vier... schlaaaaafffeeen..."

Arne slöt ögonen och samtidigt började mannen

mumla en radda alldeles obegripliga ord. Just innan han somnade hann Arne tänka att det nog inte ens var tyska det var frågan om; av någon anledning fick han för sig att det var det språk som de döda använde. När de låg där i sina gravar om nätterna på kyrkogårdarna och inte hade annat för sig än att prata med varandra om hur kallt och otrevligt det var nere i jorden. Det var en ovanlig tanke, högst ovanlig, han hade nog aldrig tänkt den förr.

Men det spelade ingen roll. Sömnen föll över honom som en tung varm filt, och nästan på en gång började han drömma. Fast det var ingen vanlig dröm, det märkte han med en gång. Det var alldeles för tydligt, alldeles för... uppenbart?

Kanske var det inte ens en dröm.

4

Han är en yngling.

Det är ute på landet någonstans, kanske i utkanten av en by. Det är vår i luften och gissningsvis befinner man sig långt tillbaka i tiden.

Han står på en vedbacke och hugger ved och troligen är han en helt annan människa. Han är i varje fall frisk, ung och stark, klädd i kläder som verkar gammaldags och lantliga. Skjorta av grått strävt tyg, slitna byxor som slutar strax nedanför knäna, grova strumpor och träskor.

Och han är stark. Svingar yxan med lätthet och klyver vedklabbarna i rask takt. Aldrig mer än ett välriktat hugg, det behövs inte. Solen skiner, står högt på den klara himlen, han är svettig men inte trött, medan han hugger nynnar han på en visa.

Bakom honom ligger en samling gråa låga hus, i något av dem bor han väl. Småfåglar far omkring i ett buskage i sluttningen nedanför honom, där det också löper en enkel väg. Mera en stig egentligen, fast bred nog för två eller tre att gå i bredd på. Eller för en häst med vagn.

Han gör ett kort uppehåll, torkar svetten ur pannan och ser sig omkring. Håller upp med att sjunga; någonting har hörts inifrån skogen, som står tät nästan ända fram till husen och där vägen försvinner som en orm i ett stenröse. Hundskall är det han hört men också något annat. Något som knirrar och knarrar, och snart kommer där också röster från människor; en karl som talar bestämt och myndigt, och en annan som svarar. Lite mer lågmäld, denne andre, en undersåte om man säger.

Och så en häst som frustar.

Han blir stående på sin vedbacke och väntar, väntar på att ekipaget ska bli synligt nere på vägen. Yxan över axeln, solen i ansiktet så han måste kisa lite.

Så verkligt att han kan känna sin andning och sitt hjärta slå inne i bröstet. Nej, en dröm är det inte.

En aning oroliga är de bestämt, hans hjärtslag. En förväntan om fara, om hotande anslag.

Nu kommer de ut ur skogen. Två kraftiga arbetshästar är det, en gråsvart, en brun, och en öppen kärra därefter. En kusk i skinnväst och skärmmössa, två myndighetspersoner på tvärbänken där bakom. Uppsträckta i svarta rockar och höga hattar, trots den varma dagen.

Och så, liggande på kärrans golv, med sammanbundna händer och fastsurrad, en ung kvinna i grått kläde och utslaget mörkt hår. Barfota.

Han känner igen henne.

Beate. Äldsta dotter på Greivaldsgården.

Hon känner honom också. Förstås, de är ju grannar. Även om det är tio minuters skogsvandring mellan gårdarna. Jämngamla är de på ett ungefär, men far har varnat honom för henne. Det är något med folket på Greivald. Med Valetta, husmodern, särskilt, men det övriga kvinnfolket också. Det är dåligt med kyrkgången och det är inte det enda.

När Beate får syn på honom där han står och kisar med yxan på axeln försöker hon resa sig. Men tjuderrepet är för kort, hon kommer bara upp på knä. Han flämtar till, hon ser alldeles vild ut. Vild och vacker, han får en klump i halsen och det sväller i byxorna som det ofta vill göra när han tänker på henne. Nuförtiden. Han har sett henne naken, en gång, när hon badade i ån i slutet av förra sommaren.

Så lockande.

Så verkligt. Så märkligt.

Vem är han själv i denna berättelses början?

Det vet han inte. Hur gammal är han? Kanske femton. Han känner inte sitt ursprung och sitt sammanhang. Han känner inte sitt land.

Och han känner inte sitt namn förrän hon plötsligt ropar det nerifrån vägen.

"Aron!"

Nej, det kan inte vara en dröm detta.

Han sväljer och kastar ifrån sig yxan. Skyndar efter ekipaget, det är redan på väg att försvinna bakom nästa krök. Hundarna springer runt det och skäller, det måste vara hundarna från Greivalds, de för alltid ett sådant oväsen...

Kusken piskar på hästarna och han hinner inte ifatt dem förrän de är nästan framme vid kyrkan. Den ligger i sin härsklystna prakt på hitsidan av byn. Kyrkan uppe på höjden, byn i sluttningen ner mot åmynningen och sjön. De svänger upp på planen utanför prästbostället och gör halt.

Han gör också halt, på behörigt avstånd, tjugo–trettio steg. Vågar sig inte riktigt fram. Men vad Beate skriker hör han ändå.

"De ska bränna mig som häxa! De tänker döda mig, de djävlarna!"

Han har hört ryktet, det har han. Det har viskats och hyssjats. Försiktiga viskningar och tjockt med hyssjande. Skörden har varit dålig ett par år, snudd på missväxt, det har varit ont om maten. Annat har det också varit. Sjukdomar som dragit unga människor i graven. Svartkonster och gudvetvad. Nattliga sammankomster. Prosten Maximander har dundrat från sin predikstol, det är förresten han som är den ena myndighetspersonen. Aron ser det nu, hur Guds ställföreträdare på jorden stånkar och pustar medan han ovigt kliver ner från vagnen. Hjälpklerken kommer springande från prästbostället, som en skalbagge på två smala bakben, räcker fram en mager hand som Maximander avvisar.

Vem den andre svartklädde på kärran är vet inte Aron, men det gör detsamma. Han har bara ögon för Beate, nu ropar hon åt honom igen.

"Hjälp mig någon! Jag är oskyldig! Jag vill inte brinna, någon måste rädda mig!"

Han. Det är han som är *någon*. Som ska rädda henne, det tycks verkligen vara just det som hon menar. Unge Aron ska se till att bålet aldrig blir tänt, att prästerskapet och överheten kommer på andra tankar och friar istället för att fälla. Men hur skulle det gå till? Vad har hon tänkt sig?

Hon ropar någonting ytterligare men hennes röst bryter sig. Hon faller ihop till ett hulkande och gråtande bylte bak på det öppna flaket. Hjälpprästen och två tillskyndande drängar gör tillsammans loss henne; släpar henne sedan ner från vagnen och vidare upp mot prästbostället, dit redan de bägge svartrockarna är på väg.

Ja, de får verkligen *släpa* Greivalds Beate, för hon vägrar att låta benen göra tjänst. Aron blir stående handfallen och ser hur de drar henne efter sig i gruset. De håller henne i var sin arm, de är stora och starka, att göra grövre motstånd vore meningslöst. Han ser nu också att hennes fötter är sammanbundna med ett rep, även om hon valde att gå skulle hon inte kunna ta längre steg än en nyfödd kalv.

Det finns ett omålat timmerhus ett stycke från boningshuset, ett bastant förrådshus, det är dit de för henne. Hjälpprästen, det är väl Carambolius han heter, ett konstigt namn sannerligen, låser omständligt upp den tunga dörren med en nyckel som han fiskat upp ur fickan. Knuffar in flickan och låser igen. Så borstar de av sig alla tre, som vore de besudlade av någonting smittsamt, och följer efter svartrockarna. Uppe på verandan tar de av sina mössor, Carambolius knackar på den vitmenade dubbla porten och efter ett ögonblick blir de insläppta av en piga.

Aron står kvar ute på vägen.

Vem är han? Vad ska han göra? Vad är det som sker?

Det borde vara en dröm men är det ändå inte. Långt i fjärran ser han höga berg.

Han tar sig runt till baksidan av förrådshuset, han vet att det finns en fönsterglugg där. Nässlorna växer midjehöga, de bränner hans bara underben men han tar sig igenom. Kommer fram till gluggen, den är inte stor nog för en människa att kravla ut eller in igenom och dessutom försedd med ett bastant korsgaller. Den sitter högt, han får sträcka sig upp på tå för att kunna kika in. Men mer än takbjälkarna och den översta delen av väggen ser han inte. Där är dunkelt, det ynka dagsljus som släpps in genom gluggen biter inte värst på mörkret och hopplösheten därinne.

Han drar ett par oroliga andetag innan han viskar hennes namn. Rädslan för att någon annan än hon ska lyssna bultar i honom. Han har hört att det används som ett slags... ett slags människoförvar, det här rummet. Ett fängsel. För nidingsmän och tjuvar.

Och häxor.

"Beate?"

Hon svarar ögonblickligen. Hennes röst är på samma gång skrämd och trotsig.

"Aron?"

Hon trycker sitt ansikte mot det grova gallret, händerna håller hårt om de två lodräta stängerna. Hennes läppar är bara en handsbredd från hans egna, antagligen har hon ställt sig på någonting därinne, för så här lång är hon inte. Och nu hittar han också en sten, han välter fram den ur nässlorna och kliver upp på den. Så här nära henne har han aldrig varit, och aldrig så långt ifrån.

"De tänker bränna mig. De har anklagat mig..."

Han sväljer bort sin blygsel. "För vad?"

"Häxeri, Aron... de påstår att jag är en häxa och i förbindelse med... ja, du vet."

"Men så är det ju inte."

"Nej, naturligtvis är det inte så. Men det bryr de sig inte om."

Han vet inte vad han ska säga. Hans hjärta bultar i bröstet som ville det ut i världen. Ja, just så är det, hans hjärta vill ut ur kroppen – och sedan in till henne, hon som står där bakom gallret. Det går inte att förneka.

"Du måste rädda mig, Aron. Jag har haft syner. Om du befriar mig kan vi... rymma tillsammans!"

"Syner?"

"Ja. Från framtiden."

Vad är det hon säger? *Syner? Framtiden?* Och att de... att han och hon... att Beate på Greivald och han, Aron vad-han-nu-heter, skulle ge sig ut i världen tillsammans? Det vore sannerligen... han känner sig plötsligt sprickfärdig av längtan och mod och... handlingskraft?

"Men vad kan jag göra, Beate? Inte kan det väl vara så illa som du säger? Inte kan de väl..."

Men han vet att de mycket väl *kan*, det har hänt i andra byar i landet, och hon avbryter honom.

"Jag vet hur det ligger till, Aron, tro mig. Det är Carambolius, den förbannade ynkryggen, som hittat på hela saken och prosten tror på hans ord. Vad väger mitt ord mot hans, Aron? Mindre än en lus, om du frågar mig. Får du inte ut mig härifrån är jag förlorad. Jag vet det."

"Din mor...?"

"Min mor vågar inte ingripa. Ingen i min familj. Då brinner de också."

"Men kan de verkligen göra så här utan vidare?"

"Nej, de har inte rätt att döma till bålet på egen hand. Men det kommer en utsänd från kungen om två dagar. En som har makten att skicka mig till lågorna. Och han kommer att lyssna på deras lögner, skriva under ett papper och så är det färdigt. Tre dagar, Aron, det är vad som står oss till buds. Han kommer hit på skärtorsdagen, det är meningen att jag ska brinna på långfredagen... tre dagar!"

Här brister hennes röst sönder och hon börjar gråta. Han får in en hand genom gallret och rör vid hennes kind. Hon lägger sin hand ovanpå hans och håller den kvar. Det svindlar. Det går en god stund. Det bulnar.

Hon kväver sin gråt. "Jag vet var nyckeln finns", säger hon.

"Nyckeln?"

"Nyckeln till dörren här. Carambolius har den i sitt rum."

"Hjälpprästen?"

"Ja. Du måste få fatt i den, Aron. Du måste stjäla nyckeln från Carambolius och släppa ut mig. Före fredag, efter det är det för sent."

"Jag lovar", säger han. "Om jag bara visste hur jag ska få tag på den."

Hon rycker till och släpper hans hand mot sin kind. Han håller dock kvar beröringen, vill inte gå miste om detta. Hans fingertoppar darrar av glädje och dunkel förväntan.

"Jag vet var han förvarar den. Den ligger i en platt ask i hans skrivbord, han har den alltid där."

"Hur vet du...?"

"Jag vet mer om Carambolius än jag vill minnas", säger Beate sorgset. "En platt liten ask, det är den du måste hitta. Fråga inte mer är du snäll. Men ta dig in och stjäl nyckeln, Aron! Sedan släpper du ut mig och vi rymmer tillsammans."

"Jag... jag lovar, Beate. Jag lovar."

"Före fredag", upprepar hon. "För då är kungens man här och då är det för sent."

Han nickar. Drar tillbaka sin hand. Men hon sträcker ut sin genom gallret istället och vad är det hon gör? Hon rör vid hans läppar och stoppar sedan två fingrar in i hans mun. Han undrar vad en sådan gest betyder. Hon smakar nästan ingenting, lite salt och lite sött möjligen.

Syner?

Framtiden?

Så lämnar han henne. Banar sig väg ut ur havet av brännässlor. Men innan han kommer runt hörnet ropar hon efter honom.

"Det är ingen dröm, det här, Aron! Kom ihåg att det absolut inte är någon dröm. Jag väntar på dig."

Ungefär då är det som den andra rösten börjar höras, från den andra världen.

"... fünf... vier... drei... zwei..."

Mitt emellan "eins" och "null" slår han upp ögonen och är vaken.

Nej, tänker han. Ingen dröm. Absolut inte. För han har inte sovit.

Så vad var det då? Vad är det frågan om?

"Alles in Ordnung?"

Det är Fjärilsmannens hesa stämma. Rummet är nästan mörkt. Han har släckt lampan och tänt ett ensamt stearinljus istället. Arne ligger kvar på rygg på sängen. Hans huvud känns som en teveapparat som just blivit avstängd efter en bra men komplicerad film.

Ännu en konstig tanke. Aldrig någonsin har så många konstiga tankar rymts i hans skalle som idag.

Fjärilsmannen kommer fram till honom med ett glas vatten. Han sätter sig upp och tömmer det i botten.

Fjärilsmannen säger något. Han förstår inte vad.

De går tillbaka till köket och sätter sig vid bordet. Arne känner att han skulle behöva ett glas vatten till, men vet inte hur han ska säga det på tyska. Bara jag kommer härifrån snart, tänker han. Jag måste ut annars tuppar jag av.

Fjärilsmannen tar fram något som ser ut som en almanacka. Ja, det är en kalender.

"Heute", säger han och ritar en cirkel runt ett datum. Den trettionde mars, om inte Arne ser fel. Det är möjligt att det är just idag, men han har ingen vidare ordning på dagar och månader.

Fjärilsmannen ritar en ny cirkel runt ett nytt datum, den tredje april.

"Dann kommst du noch einmal hier. Verstehst du?"

"Mein Mutter?" kommer Arne på. Det är som om han glömt bort varför han är här.

"Genau", säger Fjärilsmannen kvickt och ler sitt egendomliga leende igen. "Am dritten!"

Gör en ny cirkel runt den tredje.

Och Arne förstår. Tror han i varje fall. Han ska komma tillbaka hit den tredje april och då kommer Violetta Dufva att vara här också.

Eller om hon heter Vogel?

Om fyra dagar.

"Neun Uhr am Abend! Am dritten! Sie kapieren, ja?"

Han river ut en sida ur kalendern och skriver upp det. Arne läser och tror att han förstår. Han ska vara tillbaka här den tredje april klockan nio på kvällen. Så är det. Han viker lappen dubbel och stoppar ner den i sin plånbok.

Men det där andra? Det där som hände medan han låg på sängen i det mörka rummet?

Till Beate på Greivald är det bara två dagar. Eller kanske tre?

Det är ingen dröm, det här. Jag väntar på dig.

Hennes röst är tydlig och klar i hans huvud.

Bilden av henne likaså. Hennes fingrar i hans mun.

Innan han lämnar Kyffhäuserstrasse talar han om sitt namn för Fjärilsmannen. Hotellet och adressen också. Fjärilsmannen skriver upp det.

Om de skulle behöva ha kontakt före fredagen, i varje fall antar Arne att det är det som är skälet. Fjärilsmannen frågar också om Arne har någon *handy*. Det är det ord tyskarna använder för mobiltelefon, Arne känner till det.

Han skakar på huvudet. Han har ingen handy. Den slarvade han bort för flera dagar sedan.

"Bis Freitag dann. Neun Uhr am Abend."

Arne nickar. Han har förstått. De skakar hand och skiljs åt.

5

På vägen tillbaka till Fasanenstrasse och Hotel Munck går han fel. Han har så mycket i tankarna att han inte märker vart hans gulingar styr stegen. Så småningom hamnar han på ett trottoarkafé på en gata som heter Brandenburgische Strasse; medan han väntar på sitt kaffe prövar han på att uttala gatunamnet några gånger, det sitter en skylt på en vägg bara fem meter ifrån honom.

Det går inget vidare. Han känner sig totalt utpumpad, men när kaffekoppen (i sällskap av en apfelstrudel med vaniljsås) väl är på bordet försöker han sig ändå på att begripa. Begripa vad det är han varit med om i det blekgröna huset borta på Kyffhäuserstrasse. Han tänker att det är som om han gått in i två drömmar efter varandra. Eller filmer. Först mysteriet Dufva-Vogel och Fjärilsmannens uppdykande, därefter flickan Beate som kommer att brännas på bål om han inte lyckas rädda henne. Då för länge, länge sedan.

Och ändå är det inte fråga om drömmar eller filmer, varken det ena eller det andra. Hur han kan veta detta så säkert är ännu en konstighet förstås. Arne Murberg har ofta uppfattat livet ungefär på det viset – fullt av knäppa och knepiga sammanhang – men aldrig har det sett ut så här. Inte på långa vägar.

Men så är det också första gången han är i Berlin. I staden där vad som helst kan hända.

Skulle haft någon att tala med om det här, tänker han, det hade inte varit dumt. Men det känns som om inte ens Perry Mason är kapabel att nysta upp alla trådar.

Nej, en *riktigt* klyftig, *riktig* människa skulle det vara... inte en som bara huserade i hans egen fantasi, och som inte heller var någon av viktigpettrarna farbror Lennart och faster Polly... ja, det vore sannerligen fina fisken.

Tänker Arne Murberg. För han vet inte hur han ska klara upp det här på egen hand. Hur ska han bära sig åt? Vad är meningen?

Han dricker ur sitt kaffe och äter upp sin strudel. Vecklar ut sin slitna karta för att åtminstone försöka räkna ut var i hela friden han befinner sig. Det är mycket, världen är en myrstack.

Det har börjat skymma när han äntligen är tillbaka på Hotel Munck. Inga nya meddelanden från farbror Lennart har inkommit under eftermiddagen, det gör honom lite besviken av någon anledning. Som om de slutat bry sig om honom hemma i K-.

Som om det kvittar hur det går?

Uppe på rummet lägger han sig i ett varmt bad och

bestämmer sig för att den här kvällen får det bli middag i hotellets matsal. Efter en sådan här dag tar man inte ett enda extra steg i onödan.

Inte ens i gulingarna.

SJÄTTE DAGEN

1

När han vaknade och tittade på klockan insåg han att han sovit i tretton timmar.

Men det var långt kvar till faster Pollys tjugofem, och frukosten var fortfarande igång när han kom ner till matsalen. Så ingen skada skedd.

Han åt med hyfsat god aptit medan han försökte komma på vad det var han ätit till middag föregående kväll. Just vid samma bord som han satt vid nu. Men minnet svek honom. Det var i varje fall inte Bratwurst mit Kartoffelsalat, det var han säker på, för det skulle han ha kommit ihåg. Istället började han erinra sig vad han varit med om tidigare under gårdagen.

Tyvärr, måste man tyvärr säga. För det hade ingen god inverkan på aptiten.

Kyffhäuserstrasse. (Han kom fortfarande ihåg namnet, bokstav för bokstav den här morgonen, vilket förstås måste ha tagit kål på en del andra minnen.)

Dufva-Vogelfrågan.

Fjärilsmannen.

Den där drömmen som inte varit någon dröm.

Beate... vad var det hon hette. Beate Greivald? Ja, så var det.

Som skulle brännas på bål på fredag om han inte gjorde något åt det.

Om han inte lyckades stjäla den där nyckeln och släppa ut henne.

I en annan... ja, i en annan värld. En annan tid.

Utan jämförelse var det det egendomligaste Arne Murberg någonsin varit med om. Det var tisdag idag, det visste han – i *den här* tiden och kanske i *den andra* tiden också. Han måste... han måste rädda Beate Greivald senast på torsdag. För annars skulle hon brännas på fredag.

Som var långfredag eftersom man var inne i påskveckan. Så var det, då som nu. Och långfredagen var den dag då Jesus Kristus spikades upp och dog på ett kors. Lite hum om saker och ting hade han ändå. Om kristendom och sådant.

Men häxor?

Men rymma?

Då som nu?

Rymma med denna Beate?

Han, Aron?

Men jag är ju Arne, tänkte Arne, jag är inte den där Aron.

Och samtidigt var det som om han ville vara det. Han betraktade den halva portionen äggröra som fortfarande låg kvar på tallriken och funderade. Ja, det var inte äggröran som funderade, utan Arne. *Arne Albin Hektor Murberg aus K- in Schweden,* närmare bestämt. Att man alltid måste vara sig själv hela tiden, tänkte han. Långtråkigt är ju bara förnamnet. Tänk om han kunde få vara den där friske ynglingen Aron istället, han som högg ved som en halv gud, som var listig och stark och vacker, och som... som hade möjlighet att rädda den unga Beate på Greivald undan häxprästerna och sedan ge sig av ut i världen med henne? Det pirrade i kroppen bara han tänkte på det.

Fast ganska otäckt var det också förstås, det kunde inte förnekas. Brännas på bål! Det måste ju faktiskt förhindras. Av Aron eller någon annan – till varje pris, som det hette. Arne betraktade äggröran och drog en djup och orolig suck.

Syner om framtiden, hade hon sagt. Han undrade vad som menades med det. Hon fanns ju långt borta i baktiden. Hundratals år sedan som det verkade. Men i alla händelser, hur det än låg till med allt och hur det än skulle gå, så var ju Arons liv betydligt intressantare och mer spännande än Arne Murbergs enahanda och alldeles ospännande tillvaro. Eller hur?

Ospännande fram till nu, vill säga, rättade han sina tankar. För sedan han väl kom till Berlin hade det ju börjat hända ett och annat, det kunde inte förnekas. Eller...

... eller var det ingen skillnad på Arne och Aron? Var det bara en annan... tid?

Liksom.

Vilka frågor!

Han suckade på nytt och konstaterade att han inte

begrep ett dyft. Men det var en känsla han kände igen. Som sagt. *Folk som tycker det mesta är obegripligt är svåra att överraska*, hade pappa Torsten sagt en gång, och det var nog så sant. Så på det viset passade Arne bra i rollen.

Rollen? Han rynkade pannan och svalde den sista biten av sin tredje croissant med smör och hallonsylt. Vad då för roll? Det var väl ingen filminspelning heller?

Och på fredag skulle han vara tillbaka hos Fjärilsmannen, för då skulle han få träffa sin mamma. Violetta Dufva. I den riktiga tiden, alltså.

Riktiga tiden? tänkte han. Herregud.

Och betyder det att det är för sent vid det laget? Är den där Beate redan bränd om jag väntar till på fredag?

Arne torkade bort en skock croissantsmulor från låren och bet sig i läppen. Ruskade på skallen så att det nästan skramlade därinne. Hur hade han hamnat i det här? Vad var det som pågick? Hur skulle han kunna klara av allting?

Han sköt undan tallriken, äggrören fick klara sig bäst den ville. Reste sig resolut från bordet och lämnade matsalen. Vart han skulle gå visste han inte, men han visste en sak: han måste ut.

Måste röra på sig. Apostlahundarna måste arbeta. Han kunde inte minnas att han känt så på tjugo år eller mer.

Men grubblet ville inte ge sig. Det var inte bara gårdagen och att han sovit i tretton timmar, det var något med tillvaron överhuvudtaget. När han klev ut på trottoaren utanför hotellet på Fasanenstrasse hade det inte ens gått en vecka sedan han kom till Berlin, och det kändes som om det gått hundra år.

Hur gick sådant till? Gick inte tiden lika fort för jämnan?

Och hur hade han hamnat i den där byn för längesedan samtidigt som han låg på en säng i en skum lägenhet på Kyffhäuserstrasse? Kunde den där Aron vara han själv på något vis? Hur då? Det hade ju faktiskt känts så, det gick inte att neka till det.

"Vad är det som händer, Perry?" frågade han rakt ut i luften medan han stod och väntade på grön gubbe i en skock blandade tyskar som också skulle ta sig över Kantstrasse.

Kan inte svara på det, sa Perry. *Jag är ledig idag, du får återkomma imorgon.*

Typiskt, muttrade Arne. Inte ens Perry Mason kunde man lita på.

Fast kanske, tänkte han när han kommit över Kantstrasse, kanske hade han levt alldeles för länge i K-? Arne själv, alltså, inte Perry. Det kunde vara det som var problemet. Han hade inte varit hemifrån många dagar, förrän det plötsligt börjat hända saker i hans liv. Visst var det så? Allt möjligt var uppenbarligen på gång, det var bara att hänga med efter bästa förmåga.

Eller?

Eller vad då? Jo, full fart är nog bra, konstaterade han och fortsatte norrut längs Fasanenstrasse, men jag är lite orolig också. Ganska mycket orolig, om sanningen skulle fram. Den där Fjärilsmannen, till exempel, var han någon att lita på? Vem var han egentligen, han som dykt upp så påpassligt medan Arne stod och ringde på dörren hos fru Vogel.

Violetta Vogel. Hans mamma hade bytt namn från den ena fågeln till den andra, var inte det också ett ganska märkligt tilltag?

Vad skulle hända på fredag?

Ja, frågorna fortsatte verkligen att surra bakom pannbenet på Arne Murberg, och utan att ha någon bestämd plan styrde han stegen bort mot Tiergarten. Han hittade hit utan karta numera, och det kändes tryggt att veta att han, om inte annat, kunde tillbringa en stund på sin bänk och köpa en currywurst av herr Imbiss. Även om han inte var en gnutta hungrig.

Blev matlusten förstörd om man tänkte för mycket? Det hade pappa Torsten aldrig sagt något om, men kanske var det så. Och eftersom Arne inte var särskilt van vid tankearbete kunde han inte uttala sig om saken.

Men det fanns ju, som sagt, en del annat att fundera över.

En hel del.

Det var vackert väder den här dagen också och mycket folk i rörelse, särskilt inne i parken. Arne undrade om skolorna hade påsklov, liksom de brukade ha hemma i Sverige. Gräsmattorna var i alla fall fullbelagda; unga människor som drällde omkring på tonåringars vis, spelade boll, brottades, åt chips, hånglade och njöt av solen.

Tonåring? tänkte Arne. Den där Aron hade alldeles bestämt varit en tonåring. Vad hände med mina tonår?

Han mindes inte. Han hade i varje fall aldrig hånglat. Han släppte tanken och vandrade vidare längs den stig han brukade ta, skymtade då och då den stora guldängeln ovanför trädkronorna, den som såvitt han visste stod placerad precis i Berlins mittpunkt och som hette Viktoria, och kom så småningom fram till sin vanliga bänk.

Den var inte ledig.

Det satt åtminstone tjugo ungdomar på den. Och runt den. De verkade ha någon sorts kalas, de tjoade och skrattade och... ja, åt chips och hånglade.

Han suckade. Tänkte att om han hade varit Aron så skulle han ha kunnat ansluta sig till dem. Men han var inte Aron idag, han var bara Arne, så istället riktade han in sig på herr Imbiss. Skeden i vacker hand, som farbror Lennart brukade säga.

Han var borta.

Herr Imbiss korvkiosk hade försvunnit. Arne Murberg blev stående med armarna hängande utefter sidorna och munnen på vid gavel.

Det var för mycket.

Ingen bänk och ingen currywurst.

Han såg sig förvirrat omkring. Kanske hade herr Imbiss bara flyttat sin kiosk ett stycke? Den hade stått på hjul, det kom Arne ihåg, men vad fanns det för anledning att bara ge sig av hux flux?

Kunde hans fru ha dött? Eller hade hans hund råkat svälja en strumpa och måste komma till veterinären?

Sådant hände, det var Arne väl medveten om, men att det skulle hända just idag, när han verkligen skulle ha behövt den... den trygghet som det faktiskt innebar att sitta på sin egen bänk och tugga i sig de röda godbitarna... ja, det var verkligen inte roligt. Inte roligt alls.

Som ett slag på käften, konstaterade Arne Murberg. Man får lust att bara sätta sig ner och ge upp.

Men det gjorde han inte. Han tog sig samman och började återvända samma väg som han kommit. Jag äter lunch med Perry Mason istället, bestämde han. Det är enda sättet att hantera en sådan här otursdag. Perry får rycka in även om han är ledig.

2

På uteserveringen i höjd med Bahnhof Zoo var det också gott om folk. Han hade gått förbi den tidigare, men aldrig brytt sig om att stanna. Tydligen skulle man ställa sig i kö för att sedan, när man kom fram till en glugg i byggnaden, beställa vad man ville äta.

Så Arne gjorde det. Ställde sig längst bak i kön och väntade på sin tur; de olika maträtterna stod uppskrivna på stora tavlor och var lika många och obegripliga som faster Pollys sjukdomar. Dessutom kunde man inte bara peka på någon av dem, eftersom damerna i gluggen inte kunde se vad man i så fall pekade på. När han äntligen var framme hade Arne ingen aning om vad han skulle säga eller göra.

"Eh... jag vet inte riktigt", sa han på svenska. "Isch heisse Arne... Schweden."

Damen han sagt det till himlade med ögonen och svarade något.

"Bratwurst", klämde Arne till med.

"Leider. Gibt kein Bratwurst."

Det lät onekligen som om de inte hade någon bratwurst, så nu var goda råd dyra. Arne hade just bestämt sig för att lämna kön och inrikta sig på något annat matställe när han hörde en röst bakom sig.

"Behöver du hjälp? Jag kan översätta åt dig om du vill."

Han vände sig om. Det var en ung kvinna i rullstol som hade tilltalat honom. Nu log hon vänligt mot honom och slog ut med händerna som för att visa att det inte var några problem.

Arne log tillbaka. Det här var sannerligen den räddande ängeln – i brist på Perry Mason (som förresten inte alls var någon hejare på tyska, långt därifrån).

"Pratar du svenska?" sa Arne. "Vilken himla tur."

"Javisst", svarade kvinnan. "Jag förstår svenska ganska bra. Vad vill du äta?"

"Jag vet inte riktigt vad man kan välja mellan?" sa Arne.

"De har många olika saker", sa kvinnan. "Vad är du sugen på?"

Arne tänkte efter. "Det spelar inte så stor roll", sa han. "Bara det är gott."

Kvinnan skrattade. Det var ganska lång kö bakom dem och Arne märkte att man började muttra. Särskilt en liten man i grön hatt med en fjäder i, hans mustasch flaxade av allt muttret, och det var förstås inte bra om man bromsade upp farten i kön på det här viset. Arne förstod det.

"Vad ska du själv äta?" frågade han.

"Jag tror jag vill ha Flammkuchen", sa kvinnan. "Och en Apfelschorle."

"Är det gott?"
"Jag tycker om det."
"Då tar jag samma sak."
"Med lax och lite annat."
"Lax är gott", sa Arne.
"Då säger vi så", sa kvinnan och skrattade. "Nu beställer jag åt oss båda två."

Just då fick Arne en snilleblixt. Han förstod inte förrän efteråt att det var precis det det var, för det var hans första snilleblixt på tjugotre år.

"Jag bjuder dig på det här", sa han. "Som tack för hjälpen."

Han förstod heller inte att det skulle förändra hans liv. Hur skulle han ha kunnat veta det?

En stund senare satt de vid samma bord, kvinnan i sin rullstol och Arne på en vanlig stol, och väntade på sina Flammkuchen. Flammkakor, tänkte Arne. Intressant.

"Jag gillar dina skor."

Hon pekade på hans gulingar och skrattade.

"Ja, visst är de snygga", sa Arne stolt. "Jag var tvungen att köpa nya för mina gamla blev stulna."

"Stulna?"

"Ja."

"Här i Berlin?"

"Ja, fast det gör inget. Om jag inte blivit av med dem hade jag aldrig hittat de här."

"Det har du rätt i", sa kvinnan. "Hursomhelst är de jättefina. Det är inte så ofta man ser skor med den färgen."

"Precis", sa Arne. "Men hur kommer det sig att du talar svenska? För du är väl inte...?"

"Nej då", svarade kvinnan. "Jag är tyska. Jag har faktiskt aldrig varit i Sverige, men jag skulle gärna åka dit någon gång."

Han märkte att hon pratade lite lustigt, ungefär som änkefru Bollig, som brukade komma in i tobaksaffären varje fredag och köpa ett paket cigarretter, eftersom hon hade misslyckats med att sluta röka den gångna veckan också.

Men det lät trevligt, tyckte Arne. Lite gladare än vanlig svenska på något vis.

"Ja, min tyska är inte så värst", förklarade han. "Det var bra att du kom, annars hade jag nog blivit utan mat."

Hon skrattade igen. "Vad gör du här i Berlin? Vad heter du, förresten?"

"Jag heter Arne och jag är här för att leta reda på min mamma."

"Va? Vad menar du med det?"

"Jo, det är därför jag är här", sa Arne. "Jag försöker hitta min mamma. Hon heter Violetta Dufva."

"Och varför måste du leta efter henne? Har hon försvunnit?"

"Ja. Fast det är väldigt många år sedan. Jag var nästan inte född ens."

"Jaså?" sa kvinnan och såg undrande ut.

"Det var min pappa som skickade hit mig. Men han är död nu."

Nu såg hon ännu mer undrande ut. Arne insåg att det nog lät en smula konstigt, det han hade sagt.

"Det verkar kanske lite knäppt", lade han till. "Men jag är... lite knäpp."

Hon log. Och när hon log blev hon riktigt söt, märkte Arne. Han gissade att hon var i hans egen ålder ungefär, men han hade aldrig suttit och pratat med en kvinna i rullstol förr så kanske tog han miste.

När han tänkte efter insåg han att han nästan aldrig suttit och pratat med någon kvinna överhuvudtaget. Om man nu inte räknade in faster Polly och det behövde man verkligen inte göra.

"Ja, själv heter jag Beate", sa hon nu. "Och jag tycker inte du är så knäpp. Mera rolig, tror jag faktiskt."

Arne märkte att han rodnade. Sedan kom han på namnet.

"Beate? Heter du verkligen Beate?"

"Ja. Vad är det för konstigt med det?"

Han ruskade på huvudet. "Det är bara det att..."

"Ja?"

"Nej, nu är det så egendomligt att jag... att jag inte vet vad jag ska tro. Det fanns en flicka hemma på min gata också... och så... nej, fy vad konstigt det här är."

Hon betraktade honom med en rynka i pannan och satt tyst några sekunder.

"Hur skulle det vara om du berättade för mig?" sa hon sedan. "Talar om vad det är som är så egendomligt."

Arne försökte tänka efter.

"Jag vet inte var jag ska börja", sa han.

"Från början kanske?" föreslog Beate men just då kom två stora flammkakor med lax, kapris, pepparrotsgrädde och allt möjligt annat på bordet.

Så det blev en liten paus.

"Jättegott", sa Arne när han fått i sig halva flammkakan. De hade ätit under tystnad; han tyckte det var bra eftersom han behövde tid för att räkna ut vad han skulle säga. Hur han skulle bära sig åt för att förklara allting för den här trevliga kvinnan. Beate, tänka sig.

"Roligt att du tycker likadant som jag", sa Beate. "Jag älskar Flammkuchen. Men nu är jag nyfiken. Du får faktiskt lov att berätta för mig. Jag älskar berättelser, det var därför jag lärde mig svenska en gång i tiden."

"Jaså?" svarade Arne förvånat. "Måste man kunna svenska för det?"

Hon nickade bestämt. "I varje fall om man tycker om Astrid Lindgren. Då vill man läsa hennes böcker på det språk hon skrev dem på."

"Astrid Lindgren? Ja, jag har inte läst så många böcker i mitt liv, eftersom jag... nej, förresten. Men Astrid Lindgren har jag faktiskt läst. *Pippi Långstrump* och *Bröderna Lejonhjärta* och..."

"*Bröderna Lejonhjärta* var den första bok jag läste av henne!" utropade Beate och slog ihop händerna. "Visst är den underbar? Jag läser om den åtminstone tre gånger om året."

"Jag kommer mest ihåg filmen", erkände Arne. "Jag såg den för inte så längesedan..."

"Fantastiskt", sa Beate och strålade mot honom med hela sitt lilla runda ansikte.

Ja, fantastiskt, tänkte Arne. Så himla rar och trevlig hon är.

"Varför sitter du i rullstol?" frågade han.

"Jag har en sjukdom."

Mer ville inte Beate berätta. Inte för tillfället; hon lovade att förklara så småningom, men påpekade att det faktiskt var hon som hade frågat först. Det var Arne som måste reda ut vad i hela friden han hade för sig i Berlin, sedan kunde de prata om annat.

Och Arne satte igång. Började från början, precis som hon hade föreslagit. Allra först... ja, allra först berättade han om olyckan i Mörtsjön för tusen år sedan och varför hans liv hade blivit som det blivit, men sedan hoppade han raskt fram till det som pappa Torsten sagt åt honom på sjukhuset innan han dog.

Uppdraget.

Asken som han skulle överlämna till sin mamma.

Besöken på Knobelsdorffstrasse och Kyffhäuserstrasse. (Han struntade i pinkandet i parken och den där kvällen då han tappat minnet; man kunde ju faktiskt inte prata så mycket om sånt man inte kom ihåg.)

Och händelsen på det stora varuhuset, vad det nu hette.

"KaDeWe kanske?" föreslog Beate.

"Precis", sa Arne. "Så var det."

Och så Fjärilsmannen förstås... och vad som hänt medan han låg på sängen i det mörka rummet. Den fängslade flickan och löftet han givit om att rädda henne från bålet. Nyckeln som han skulle leta reda på hos hjälpprästen Carambolius.

Senast på torsdag eftersom de skulle bränna henne på långfredagen.

"Häxbränning?" avbröt Beate som så här långt hade lyssnat till vartenda ord med stora ögon och halvöppen mun. Utan tvivel var hon intresserad av vad han hade att säga. "Menar du att hon skulle brännas på bål för att hon var en häxa?"

"Ja", sa Arne. "Hon påstod det. Fast jag var alltså inte Arne på den tiden... jag hette Aron och var... ja, både yngre och normalare än jag är på riktigt."

"Normalare?"

"Ja."

"Och det var flera hundra år sedan?"

"Jag tror det."

"Jestanes", sa Beate och ruskade på huvudet. "Är det inte så Emils mamma brukar säga... Emil i Lönneberga? Men vilken historia du berättar. Vad är det du har råkat ut för?"

Arne suckade. "Jag vet inte. Jag är inte van att det händer saker, det här är nog första gången faktiskt... efter min olycka åtminstone. Jag känner mig rätt förvirrad, ska du veta."

"Det undrar jag inte på", sa Beate och log.

Och sedan gjorde hon något som han heller aldrig hade varit med om: hon sträckte ut sin hand tvärs över bordet och lade den ovanpå hans.

"Vill du att jag ska hjälpa dig lite? Med allt det här,

menar jag. Jag gör det gärna om jag kan och jag tycker faktiskt det låter väldigt spännande också. Eller hur?"

Arne kände att han rodnade igen. Det var det lätta trycket från hennes hand ovanpå hans som var orsaken, det förstod han, för det spreds liksom vidare upp genom armen och ut i hela kroppen.

Så konstigt. Och så trevligt.

Men det var inte bara hennes hand som var det speciella. Det var det som hon sagt också.

Att hon ville hjälpa honom.

Att hon tyckte det var... spännande.

Precis, tänkte Arne Murberg. Mer spännande än så här kan det aldrig bli. Inte i mitt liv i varje fall.

"Ja tack", sa han. "Hemskt gärna om du vill."

"Så du har inte använt dina ben på tjugo år?"

Hon ryckte på sina tunna axlar. "Nej. De är lika skruttiga som Skorpans."

"Skorpan Lejonhjärta?"

"Ja."

"Är det kul?"

"Vilket då?"

"Att åka rullstol."

"Jag vet inte vad jag ska säga. Jag har inget annat sätt att ta mig fram på."

Han tänkte efter. "Jag skulle kunna bära dig på mina axlar. Du är väl inte så tung?"

Hon skrattade igen. "Femtio kilo ungefär. Ja tack, det vore trevligt."

"Jag väger hundra... ungefär. Jag har aldrig åkt rullstol i hela mitt liv, det verkar rätt bekvämt."

"Bekvämt?"

"Ja. Här i Berlin går jag fram och tillbaka som en kåt klockarkatt, man blir rätt trött ska jag säga."

"Va? Vad sa du nu? En kåt klockarkatt... det har jag aldrig hört. Vad betyder det?"

"Ingen aning. Det är nånting som farbror Lennart brukar säga."

"Din pappas bror?"

"Ja. Han är fullproppad med konstiga ord."

De satt tysta ett slag. Flammkakorna var för längesedan uppätna. Apfelschorlen (som Trocadero ungefär fast inte lika söt) urdrucken. Arne kunde se att Beate funderade. Och det var antagligen inte över farbror Lennart eller klockarkatten, nej, det handlade om det andra. Om mamma Violetta och Fjärilsmannen och händelserna på Kyffhäuserstrasse.

Och om Beate, den andra Beate.

"Vet du Arne", sa hon till slut. "Jag tycker att vi ska hjälpas åt med det här. Jag har ändå ledigt hela veckan och inga större planer. Vad säger du om det?"

"Okej", svarade Arne Murberg och rodnade för tredje gången inom loppet av en timme. "Jag behöver nog all hjälp jag kan få. Tack ska du ha, Beate."

3

Det visade sig att Beate Bittner (som var hennes hela namn) inte bodde särskilt långt från Kyffhäuserstrasse, några kvarter bara. Hennes gata hette Meranerstrasse och det var hit som Arne begav sig på tisdagskvällen, samma dag som de hade träffats på Slusskrogen uppe vid Tiergarten. Hon hade berättat att den hette så eftersom det fanns en sluss alldeles i närheten – *Schleusenkrug* på tyska, Arne hade inte försökt uttala det. Hon brukade åka hit ibland, fast oftast på söndagarna om det var vackert väder.

Under eftermiddagen skulle hon träffa en av sina bröder, men till kvällen var hon ledig.

Ledig hela veckan, som sagt. I vanliga fall arbetade hon på ett bibliotek i närheten av Meranerstrasse, men under påskveckan höll man stängt eftersom taket skulle repareras och målas om efter en vattenläcka.

Så nu stod han utanför hennes port med en blomsterkvast i handen och hjärtklappning i bröstet. Det var den tredje adressen han letat sig fram till under sina dagar i

Berlin, men det var första gången i sitt liv han var bjuden hem till någon på middag. Om man inte räknade farbror Lennart och faster Polly, förstås, och det hade han mer eller mindre slutat upp att göra.

Hon hade sagt så. *Kom hem till mig och ät middag ikväll. Vi måste få ordning på det här.*

Klockan sju, hade hon också sagt och det var på pricken så dags som han satte fingret på ringknappen bredvid hennes namn. *Bittner, Beate.*

Det hördes ett brummande och porten gick upp. Arne drog ett djupt andetag och steg in. Synd att man ska vara så långsam i skallen, tänkte han. Så trög och enfaldig. Jag kanske skulle inbilla mig att jag är den där Aron istället?

Men han var dålig på att inbilla sig. Och till en början verkade det nästan som om det i Beate Bittners sällskap räckte med att vara Arne Murberg. Nåja, tänkte han, det går nog över.

Hon hade lagat en pasta med en god sås till, men när hon frågade om Arne ville ha ett glas vin tackade han nej. Han kom ihåg att det där med alkohol inte alltid passade så bra i hans kropp, inte ens tysk alkohol, och han ville inte råka ut för någon fadäs, ramla omkull eller göra bort sig på något annat sätt inför Beate.

Så de drack Apfelschorle till maten nu också.

"Lika bra det", konstaterade Beate. "Så vi är lite klara i våra huvuden, det kan nog behövas."

Det var ett stort och fint rum de satt i, tyckte Arne.

Förutom matplatsen vid fönstret fanns där inte mycket möbler, två stora fåtöljer bara med ett litet bord emellan och en golvlampa. Tre fullproppade bokhyllor och färggranna tavlor lite här och där.

"Snygga tavlor", sa Arne, både för att det verkade väluppfostrat och för att han tyckte det.

"Det är min morfar som har målat dem", sa Beate. "Allihop faktiskt, ja, jag gillar dem också. Och jag gillade morfar mer ändå."

"Väldigt snygga", upprepade Arne och funderade på hur det stod till med hans egen morfar. Men när han nu nästan inte haft någon mamma, så var det antagligen lite tunnsått med morfäder också.

Sedan började Beate fråga om hans liv hemma i K-, och eftersom hon gjorde det försökte han berätta lite. Det var ju inte så mycket han hade att säga om det, men han mindes en sak som någon hade sagt på en film han sett för inte så länge sedan.

Man är som en buske. Man står kvar där man hamnat. Ofta regnar det på en, men ibland skiner solen.

Han hade faktiskt skrivit upp det, det hade blivit ett avbrott i filmen just där och textremsan hade funnits kvar i bilden i flera minuter innan det fortsatte. Han hade haft penna och papper tillhands och popcornen var slut, det var bara en ren slump.

Och nu kom det alltså till användning... *men ibland skiner solen.*

Beate skrattade så där vackert igen; det fyllde liksom hela rummet, nästan så att man kunde ta på det.

"Du är minsann ingen buske", sa hon. "Jag tror det var meningen att du skulle komma till Berlin."

"Meningen?" undrade Arne.

"Ja, *meningen*. Jag tror det är på det viset att det finns en mening."

"Jaha?" sa Arne.

"För var och en, för dig och för mig och för alla människor. Det kan inte vara så att vi bara hamnar här på jorden, lever en stund och sedan dör. Det måste finnas någonting... ja, någonting *mer*."

Arne funderade.

"När du säger det så...", sa han försiktigt. "Men vad skulle det vara i så fall? Det där... *mer*?"

"Jag vet inte riktigt", erkände Beate. "Ibland tvivlar jag också på det. När man är ledsen och allting verkar gå emot en. Men det viktigaste är nog att tro... att verkligen tro att det finns en mening."

Hon gjorde en paus. Arne visste inte alls vad han skulle tycka eller säga, så han drack en klunk Apfelschorle och väntade istället.

"Tänk om du vaknar upp imorgon och är någon annan", sa Beate och skrattade till. "Vad skulle du säga då?"

"Den där Aron kanske", föreslog Arne. "Ja, inte mig emot. Jag har varit Arne Murberg så himla länge nu att det kunde vara dags att bli någon annan."

"Så brukar jag också tänka", sa Beate. "Men kanske är det så att man inte minns sitt gamla jag när man blir den här nya människan?"

"Eh... det låter krångligt", sa Arne.

"Det är ingen som har sagt att livet inte ska vara krångligt", sa Beate. "Men jag måste fråga om det där med din mamma. Varför lämnade hon er, alltså... dig och din pappa?"

"Jag vet inte", sa Arne. "Jag trodde hon var död ända tills min pappa berättade hur det var strax innan han dog. Att hon rymde till Berlin med en tru... med en sångare."

"När du var väldigt liten?"

"Ja. Ett år eller så..."

"Och din farbror och faster förklarade heller ingenting mer? När din pappa dött, menar jag."

Arne skakade på huvudet. "Nej, de gjorde inte det. Men jag tror..."

"Ja?"

"Jag tror inte de var vidare förtjusta i min mamma. I varje fall inte faster Polly."

"Men de tyckte det var okej att du åkte hit?"

"Jag vet inte. Jag hade ju lovat pappa på dödsbädden... och sådana löften måste man hålla."

"Absolut", sa Beate. "Det måste man. Och den där asken som du ska ge till henne, vad tror du det finns i den?"

Arne ryckte på axlarna. "Ingen aning faktiskt."

"Var är den nu?"

"I mitt rum på hotellet."

"Och det går inte att öppna den?"

"Inte om man inte vill förstöra den."

"Jag förstår."

Beate satt tyst och såg grubblande ut en stund. Arne ångrade att han inte tagit med asken ikväll så att de kunde ha tagit en titt på den tillsammans.

"Och att du såg din mamma på KaDeWe, tror du fortfarande att det var hon?" fortsatte Beate. "Nu efteråt, alltså. Förlåt att jag är så väldigt frågvis, men jag tycker det här är intressant. Det händer inte så många spännande saker i mitt liv heller. Det är därför jag läser så många böcker."

"Jag skulle också vilja läsa böcker", sa Arne och kände sig plötsligt olycklig. "Fast det fungerar inte, jag kan liksom inte koncentrera mig. Det dyker upp en massa andra tankar i skallen på mig istället för det som står i boken. Men nej, jag vet inte om det verkligen var hon... min mamma, menar jag... på det där varuhuset. Då när det hände var jag verkligen säker på det. Bombsäker."

"Fast du aldrig sett henne förr?"

"Inte sedan jag var bebis, nej..."

Beate tog upp fotografiet, som han visat henne för en stund sedan, och betraktade det noggrant.

"Hon ser lite mystisk ut, tycker inte du det också? Eller också är det bara jag som vill att hon ska vara mystisk."

"Nja, jag vet inte", sa Arne.

"Mystisk och vacker..."

"Min pappa var varken mystisk eller vacker", sa Arne. "Det var kanske därför hon gav sig iväg?"

"Inte omöjligt", sa Beate. "Men den här Fjärilsmannen sa alltså att du skulle få träffa henne på fredag... på långfredagen?"

"Ja, han sa så."

"Honom måste vi prata mer om", avgjorde Beate. "Vill du ha kaffe? Eller te kanske?"

"En kopp te skulle vara gott", sa Arne. "Ska jag hjälpa till på något vis?"

"Du kan få bära mig på dina axlar ut till köket", sa Beate. "Du sa ju det när vi åt Flammkuchen."

"Det gör jag gärna", sa Arne.

Beate skrattade. "Jag skojade bara. Du får göra det en annan gång."

"Säkert?"

"Hur var det du sa... bombsäkert?"

När han tumlade i säng flera timmar senare (efter att de först druckit tre koppar te var och diskuterat igenom alla märkvärdigheter fram och tillbaka sjutton gånger, och efter att han sedan gått fel tretton gånger innan han hittade tillbaka till Fasanenstrasse och Hotel Munck), tänkte Arne att den här dagen, den som just hade tagit slut, hade varit sensationellt bra.

Vad som än hände med mamma Violetta och Fjärilsmannen och Beate på Greivald, så var han inte ensam om det hela. Beate Bittner (han var noga med att tänka på henne med efternamnet också, så han inte blandade ihop alla Beator) hade sagt att de skulle komma till rätta med allting tillsammans. Att hon tyckte det kändes som att leva i en äventyrsberättelse och att hon skulle hjälpa honom så gott hon bara förmådde.

Därför skulle de träffas imorgon. Beate hade besök av

en annan bror under dagen, hon hade visst hur många bröder som helst, men efter klockan fem var hon fri att ta itu med saker och ting.

När de skildes åt hade hon sagt just det: *Imorgon kväll är det dags att ta itu med saker och ting på allvar, Arne!*

Och skrattat så där trevligt.

Så hur det än gick till slut, tänkte han och släckte lampan, hur man än räknade, så hade det varit värt att resa till Berlin bara för hennes skull. Den där Beate Bittner.

Han somnade in som om där inte funnits ett enda orosmoln på hans himmel.

FÖRBEREDELSER II

1

Någonting skavde inuti professor Anatolis Litvinas.

En detalj, en skärva, ett förbiseende, han visste inte vad.

Två dagar återstod, eller tre om man också räknade in denna regniga onsdag. Nederbörden rappade mot fönstret när han vaknade, han vred på huvudet och konstaterade att klockan bara var kvart över sex. Kanske skulle det gå över, det regnade ofta om nätterna i Berlin.

Ingen idé att försöka somna om, dock. Han gick ut i köket och bryggde en kanna te. Satte sig vid bordet och började gräva i hjärnan.

Tiden var en illusion men inte tidpunkten. Och punkten var den rätta, det var han viss om. Påskveckan var den enda vecka som inte förändrades, den återkom i samma skepnad år efter år, från århundrade till århundrade. Och långfredagen, från och med döden på korset fram till uppståndelsen på den tredje dagen: den enda tid på året då ingen frälsning fanns. Ett dygn då portar kunde öppnas, skeenden sättas i rörelse, färder anträdas, återföreningar fullbordas. Elementen var instabila; jord, eld, luft, vatten, svavel, kol, la quinta essentia... och blod. Han tog ner den genomborrade Bibeln från hyllan och slog upp det rätta textstället hos Matteus.

Och se, då rämnade förlåten i templet i två stycken, uppifrån och ända ned, och jorden skalv, och klipporna rämnade,

Och gravarna öppnades, och många avsomnade heligas kroppar stodo upp.

Han räknade orden, multiplicerade med antalet bokstäver och kom fram till samma siffra som igår. Det var betryggande. Det var inte här felet låg, det var inte detta som skavde.

Så vad var det då?

Medhjälparen? Var det ändå han? Denne *ignoramus* som förefallit så idealisk, som inte verkade ha en egen tanke i sin skalle och som hade varit den mest lätthypnotiserade människa han någonsin träffat på. Han hade ju haft det där fotografiet och han hade transformerats på sängen därinne på bara någon sekund, nej, sällan eller aldrig hade Litvinas stött på ett så tacknämligt offer. I Leipzig hade han förlorat kontrollen över medhjälparna, det var ett av misstagen, de hade börjat handla på eget initiativ och så hade man hamnat i okontrollerbara förvecklingar.

Ja, just däri hade bristerna legat och det var därför en ignoramus verkat idealisk. En enkel själ som kunde styras med lätt hand och som inte ställde frågor. Som knappt förstod vad man sa åt honom ens.

Och ändå? Vad var det för detalj? Det fanns inte utrymme för förbiseenden i det här skedet. Inte så här nära den kritiska punkten. Allt måste stämma, minsta felaktighet, minsta försummelse kunde stjälpa hela planen.

Skorna!

Så var det. Det var de förbannade gula skorna!

Professorn slog näven i bordet så att tekoppen hoppade till på fatet och höll på att välta. Medhjälparens skor, det var det som var problemet; denna slätstrukna, indolenta individ hade motsvarat alla krav man rimligen kunde ställa, men han hade gått omkring i ett par gula skor. Varför i helvete gjorde man det? Vad betydde det?

Professorn drog en blandad suck, kluven mellan tvivel och lättnad, och drack ur sitt te. Han hade hittat den springande punkten. Inte pudelns kärna måhända, men svagheten i planen. Den *möjliga* svagheten. Ingen människa går omkring i gula skor utan anledning. Det måste betyda någonting, det kunde till och med vara ett tecken.

Ännu var det dock tid att reparera. Kontrollera och sätta in motåtgärder. Tack och lov. Han såg på klockan. Kvart i sju. Mötet med von Hancken var utsatt till halv elva; han hade några timmar till sitt förfogande.

Och han visste vart han måste bege sig.

Hotel Munck på Fasanenstrasse.

2

Han skulle just snedda över gatan bort till hotellet när han hejdade sig.

Ut genom entrén kom just ignoramusen i egen hög person. Minsann. Såg sig om åt höger och vänster och begav sig sedan norrut längs Fasanenstrasse. Professor Litvinas överlade hastigt med sig själv. Vad göra? Skynda ifatt honom och approchera eller avvakta en smula? Inte gott att veta.

Han bestämde sig för att avvakta. Det kunde vara en god poäng att iaktta medhjälparen på lite distans. Varför inte? Följa efter honom utan att ge sig till känna och se efter hur han betedde sig. Vad han hade för sig och vart han var på väg. En stunds diskret skuggning, helt enkelt, det var inte första gången Litvinas genomförde en sådan operation.

Sagt och gjort. Han lade sig på ett lagom, betryggande avstånd, tjugo–trettio meter; det var inte mycket folk i rörelse, men även om Ignoramus råkade vända på huvudet var det inte särskilt troligt att han skulle upptäcka sin förföljare.

De gula skorna idag också. Kanske var de hans enda par, tänkte Litvinas. Vad visste man? Överhuvudtaget gav han ett lite bisarrt intryck den här morgonen, även om man räknade bort skodonen; professorn kunde inte undgå att konstatera det. Han bar på någonting som såg ut som en säck, eller i varje fall en större påse; av tyg som det verkade, blekgrått till färgen. Då och då stannade han upp och kikade ner i den, som om han ville förvissa sig om att innehållet var kvar.

Det föreföll inte vara speciellt stort, eller tungt, detta innehåll; Ignoramus bar sin säck med lätthet, även om han använde bägge händerna i stort sett hela tiden.

Ja, med stor försiktighet bar han sin lätta börda, som vore det fråga om någonting ömtåligt, en tårta eller något av sprödaste glas. Fast inte hela tiden; medan han korsade Hardenbergstrasse, till exempel, lät han obekymrat säcken dingla i ena handen. Vad tusan är det han bär på? muttrade Litvinas irriterat för sig själv och bestämde sig för att krympa avståndet en smula för att få ett bättre intryck. Ignoramus verkade ändå fullständigt omedveten om att han var förföljd. Det var ingen risk.

De passerade Universität der Künste och kom upp till kanalen. Här stannade plötsligt Ignoramus, öppnade säcken och började tala in i den. Litvinas hejdade sig vid ett träd bara tio meter bakom och trodde inte sina ögon. Eller öron. Men han tog inte fel; hans förföljelseobjekt stod i gathörnet och pratade högt med någonting som befann sig inuti den stora ljusgrå påse som han höll i sina händer. Båda sina händer, en smula upplyft.

Anfäkta och anamma, tänkte Litvinas. Det här går för långt. Jag behöver en lättledd och lite korkad medhjälpare, inte en vettvilling.

Han stod så nära att han nästan kunde uppfatta vad som sas, vad det var Ignoramus hade att meddela till det där som fanns inne i säcken, men tyvärr rörde det sig om svenska igen. Såvitt han kunde bedöma i varje fall, och vid deras möte två dagar tidigare han hade ju fått klart för sig att detta var det enda språk som Ignoramus förstod. För egen del behärskade Litvinas åtminstone sex språk, men just svenska hörde olyckligtvis inte till detta halvdussin. Här fanns ju också en möjlig spricka i planen, han hade till exempel ingen vetskap om vad som hänt under provhypnotiseringen häromdagen. Han hade gett instruktioner på tyska men huruvida dessa nått fram till den frånvarande Ignoramus på sängen, ja, det var faktiskt oklart. På grund av denna språkförbistring hade han heller inte brytt sig om att ställa frågor efteråt.

En komplikation förvisso, men en komplikation som kunde övervinnas. I professorns hjärna började långsamt en handlingsplan ta form. Under en kort sekund övervägde han också att ge sig till känna, men just då började Ignoramus att sjunga.

Stod kvar i gathörnet och sjöng rakt ner i säcken!

Vid Lucifers knän! tänkte Anatolis Litvinas. Det här kräver hela mitt snille. Jag har råkat ut för rena dårfinken!

De fortsatte längs kanalen och kom in i Tiergarten uppe vid slussverket. Sedan över bron och till höger längs Neuer See, Ignoramus gick med bestämda om än inte särskilt kraftfulla steg, alltjämt sjungande. Litvinas femton-tjugo meter bakom. Vart är han på väg? tänkte han. Det ser inte ut som om han bara är ute och flanerar. Det finns bestämt mål och mening med hans färd.

Och den där påsen spelade definitivt en roll, det som fanns i den åtminstone.

Men plötsligt gjorde Ignoramus halt och slog sig ner på en bänk. Litvinas fick bråttom att vika av till vänster, in på en nätt och jämnt urskiljbar stig som ledde in bakom ett buskage. Det verkade alltför riskabelt att passera förbi bänken, han skulle med stor sannolikhet ha blivit igenkänd och i det här läget hade han ingen lust att bli konfronterad. Eller att själv konfrontera.

Utvecklingen innebar att han blev tvungen att göra en taktisk manöver och gömma sig bakom ett par träd, gott och väl trettio meter från bänken där Ignoramus satt med sin påse. På det här viset befann sig professorn dessutom bakom sitt objekt, utan möjlighet att iaktta vad som försiggick på bänken, men för ögonblicket fanns inget bättre alternativ. Så han stod där, frustrerad, gnisslande tänder, lutad mot en kall trädstam, och otåligt väntande på att någonting skulle hända.

Men tyvärr gjorde det inte det. Ingenting hände. Ignoramus satt där han satt och såvitt professorn kunde bedöma utifrån sin bristfälliga position, var han sysselsatt med att samtala med påsen igen. Det såg i varje fall ut så; då och då tycktes han sticka in handen i den också, men mycket mer var det inte frågan om.

Förbannat, muttrade Litvinas. Vad är det den idioten har för sig?

Men innan den frågan hann besvaras råkade han kasta en blick på sitt armbandsur och blev medveten om tiden. Han skulle träffa von Hancken om bara tjugofem minuter. Långt borta i Kreuzberg dessutom, det gick inte an att stå här och drälla i Tiergarten längre. Satan också!

Motvilligt lämnade han sitt träd och begav sig halvspringande vidare längs Neuer See. Kom så småningom ut på Budapester Strasse, där han lyckades hejda en taxi och be chauffören köra för allt vad tygen höll till Oranienplatz i Kreuzberg.

Frågorna och irritationen bubblade i honom. Här krävdes åtgärder, utan tvivel. Snabba och effektiva åtgärder.

Frågan var bara vilka.

SJUNDE DAGEN

1

Arne Murberg vaknade av att det knackade på fönstret.

Ännu en gång, och ännu en gång var det den där duvan. Han hade nästan glömt bort den, men när han yrvaket satte sig upp på sängkanten kom han ihåg.

Kände igen den också, för han var övertygad om att det var samma en. Den såg precis likadan ut, ljust gråflammig och lite uppruggad, och varför skulle två helt olika duvor bry sig om att komma och knacka på just hans fönster?

När den väl fått upp honom ur sömnen brydde den sig inte om att knacka mer. Den satt bara där på fönsternischen och betraktade honom med sitt ena öga. Noggrant, såg det ut som, liksom inspekterande. Men välvilligt och vänligt på samma gång. Knyckte lite på huvudet då och då.

Dufva-Vogel, tänkte Arne, reste sig och gick fram till fönstret. Fågeln rörde sig inte ur fläcken, men kanske burrade den upp sig lite extra, Arne fick det intrycket i alla fall. Den tycktes bli en aning större, men när han böjde sig ner och kikade på den från bara en decimeters håll, det var egentligen bara glasrutan som skilde dem åt, så reagerade den inte. Även om den måste vara medveten om att den blev iakttagen av en ganska stor varelse så brydde den sig inte. Den satt där den satt.

Arne funderade. Sedan sköt han försiktigt upp fönstret, nerifrån och upp, inte mer än två decimeter, det var den sortens fönster.

Duvan satt kvar.

Arne stod kvar.

Den är i alla fall inte rädd av sig, tänkte han. En envis liten rackare, snarare, som vet vad den vill.

Men vad *är* det den vill?

"God morgon på dig, din envisa rackare", prövade han. "Tack för att du väckte mig, men vad vill du egentligen?"

Duvan svarade inte och verkade inte förstå. Arne tyckte sig minnas att en eller kanske ett par fåglar spelade en viktig roll i den där boken han och Beate pratat om. *Bröderna Lejonhjärta* av Astrid Lindgren. Men han kunde inte komma på exakt vad det varit frågan om.

Däremot insåg han att även om den här duvan var magisk och mänsklig på något vis, så förstod den säkert bara tyska. Eftersom den hörde hemma i Berlin, det borde han ha tänkt på.

"Gute Morgon, Frau..."

Eller var det kanske en Herr? Hur skulle man kunna se skillnad?

Och vad hette duva på tyska? Inte ens det kände han till, det var nästan oartigt även om duvan inte tycktes bry sig. Den bara satt där den satt och såg... vad hette det?... *outgrundlig* ut. Ja, precis så var det. Det var en *outgrundlig* duva.

Han beslöt att i vilket fall som helst slå upp fågeln i sitt lexikon, och efter en stund hade han hittat det.

Taube.

Det såg bekant ut på något sätt och det dröjde inte lång stund förrän han kom på det.

Evert Taube.

Det var den där sångaren som pappa Torsten gillat så mycket och som han gärna pratade om; han hade förresten inte kallat honom *sångare*, utan... *trubadur.*

Och i samma stund som han tänkte det ordet började kugghjulen snurra med en farlig fart inne i huvudet på Arne Murberg.

Eftersom det var just en *trubadur* som mamma Violetta rymt med. Visst var det så? Och här hade vi alltså en annan trubadur som hade samma efternamn som hon – fast på tyska. Violetta Dufva och Evert Taube. Lika gärna kunde man säga tvärtom: Violetta Taube och Evert Dufva...

Men vänta nu, tänkte Arne och försökte bromsa farten på kugghjulen, det var ju inte Evert Taube som hans mamma hade stuckit till Berlin med, det var en som hette Lummersten. Egon Lummersten.

Men ändå? Nog var det här ännu ett konstigt sammanträffande? Kunde det förresten inte vara så att pappa Torsten blandat ihop korten på något vis, så att det verkligen var Evert Taube som...?

Nej, stopp och belägg, sa Arne till sig själv. Lugna ner dig nu. Säg farväl till duvan, gå ner och ät frukost istället. Det här måste utredas i lugn och ro.

Och det gjorde han. Morgontoalett, på med kläderna, inklusive världens snyggaste skor, en försiktig klapp på duvans huvud (han tyckte att den nickade och log lite när han rörde vid den), och så en halvtimmes fullspäckad frukost.

När han kom tillbaka till rummet hade duvan flyttat in.

Han hade glömt att stänga fönstret och fågeln stod mitt på bordet och tittade på honom.

Jaha ja, tänkte Arne. Vad gör man nu då?

Han gick fram och satte sig på stolen mittemot och betraktade sin rumskamrat från nära håll. Outgrundligheten hängde kvar, utan tvivel, det enda duvan företog sig var att vicka en aning på huvudet och blinka ett par gånger. Arne provade med att vissla en trudelutt, kanske fanns det speciella lockrop som duvor använde, men i det här fallet kom ingen reaktion. Arne var heller inget vidare på att vissla, det skulle erkännas.

"Evert Taube", sa han eftertänksamt. "Är det okej om jag kallar dig Evert Taube?"

Duvan nickade.

"Bra", sa Arne och nästan utan att han märkte det började en plan formas i hans huvud. "Nu gör vi så här, förstår du, Evert", förklarade han, "att vi tar en promenad tillsammans. Du kan ju inte stanna kvar här på rummet och jag vill inte kasta ut dig genom fönstret.

Jag är nämligen inte säker på att du kan flyga och det är åtminstone tio meter ner till marken..."

Han gjorde en paus och tänkte efter. Duvan betraktade honom intresserat.

"Jag vill heller inte bara lämna dig ute på gatan. Det är inte meningen att fåglar ska bo på trottoaren, även om många gör det... särskilt duvor. Nej, ni har det mycket bättre ute i naturen, så jag... jag tänker ta med dig upp till Tiergarten, som jag känner till ganska bra, och släppa ut dig där."

Han kunde inte undgå att märka att det faktiskt var lättare att tala med duvor än med människor. Kanske för att de inte lade sig i och kom med protester och egna åsikter hela tiden.

"Är du med på det här?"

Den här gången nickade inte duvan, men han kunde heller inte se att den skakade på huvudet, så han antog att den accepterade förslaget.

Utmärkt, tänkte Arne. Frågan var nu hur han skulle transportera Evert Taube. Att bära honom i händerna föreföll inte särskilt tilltalande av någon anledning, men så kom han på att det fanns en sådan där tvättpåse i klädskåpet. Den var antagligen avsedd för smutstvätt, om man bodde så länge på hotellet att ens kläder inte räckte hela vägen – men det var förstås ingenting som hindrade att man använde påsen till att frakta fåglar i. Den var stor och luftig och han var säker på att Evert skulle tycka om den.

Han visade upp den, försökte demonstrera hur mjuk

och bekväm den var, och om han bedömde saken rätt så hade duvan ingenting att invända.

Inte heller kom den med några invändningar när Arne varligt lyfte upp den och föste in den i påsen. Tvärtom, den gav ifrån sig ett kort, kuttrande ljud, vilket Arne tolkade som att den var helt införstådd med arrangemanget.

Perry Mason skulle ha gjort likadant, tänkte Arne när han lämnade rummet med påsen i famnen. Men det här har jag löst alldeles på egen hand.

Det var när han gått ett stycke utefter Fasanenstrasse som han kom på den där sången som pappa Torsten brukat sjunga. Och som han försökt lära Arne när denne var tio år eller däromkring – *Samborombon* hette den bestämt, och medan han gick där med Evert Taube i tvättpåsen, kom både orden och melodin tillbaka till honom. Det var konstigt, han kunde inte minnas att någonting sådant hänt en endaste gång efter olyckan; att han erinrade sig saker och ting som han egentligen totalt hade glömt bort.

Det måste ha med Berlin att göra, tänkte Arne. Men också, förstås, med att det var just Evert Taube som skrivit låten.

Han öppnade påsen en smula, frågade Evert om han mådde bra, och eftersom allt tydde på att Evert gjorde det, började Arne sjunga för honom.

Samborombon en liten by förutan gata
Den ligger inte långt från Rio de la Plata
Nästan i kanten av den blåa Atlanten

Och med Pampas bakom sig många hundra gröna mil
Dit kom jag ridande en afton i april
För jag ville dansa tango

Sedan mindes han inte mer av texten, men det var nog hela första versen om han inte tog miste – och eftersom Evert Taube verkade lyssna intresserat inifrån sin påse, så stannade Arne upp i slutet av Fasanenstrasse, alldeles innan den där kanalen, och tog den en gång till, nu med lite högre och stadigare röst.

Medan han sjöng för andra gången kunde han tydligt höra hur det kuttrade inne i påsen, och Arne tyckte att det var ett lite magiskt ögonblick. Att få stå i ett gathörn i Berlin och sjunga för Evert Taube, som satt i en tvättpåse från Hotel Munck och lyssnade uppskattande, ja, det var någonting han knappast hade kunnat föreställa sig för en månad sedan.

Inte farbror Lennart eller faster Polly heller, det var han säker på, och det slog honom att det nog var första gången på nästan ett dygn som han ägnade en tanke åt dem. Å andra sidan hade han inte fått några fler meddelanden till hotellet, så det kunde hända att de struntade i honom också.

Han gav Evert Taube en liten klapp på huvudet och fortsatte bort mot entrén till Tiergarten. Fortsatte att sjunga också, när han nu ändå var igång, det var trevligt att höra sin egen röst på det här viset och han tänkte att han borde se till att lära sig lite fler sånger. Även om man inte alltid hade Evert Taube att sjunga för.

Men hur mycket han än uppskattade sitt nya sällskap, så var det dags att släppa ut duvan i det fria, han förstod det. *Vissa saker får man inte lämna ogjorda.*

Dock unnade han sig en stund på en bänk först. Satt där i några minuter och småpratade om allt möjligt med Evert, innan han resolut släppte ut honom på gräsmattan och kastade tvättpåsen i en papperskorg.

"Adjöss med dig, min vän. Var rädd om dig."

Evert Taube blinkade åt honom och knyckte ett par gånger med huvudet på sitt karaktäristiska vis innan han knallade iväg över gräsmattan och försvann in i ett buskage. Arne tänkte att det var lite sorgligt att skiljas på det här viset, men med tanke på hur mycket annat som stod på programmet de närmaste dagarna, så var det den enda lösningen.

Han harklade bort en klump saknad i halsen och återvände till slusskrogen för att undersöka om flammkakorna var lika goda som vanligt.

2

"Det är något särskilt med påskveckan", sa Beate Bittner. "Tycker inte du det också?"

"Jag vet inte riktigt", sa Arne. "Hur menar du då?"

Det var kväll. De satt på nytt hemma hos Beate, i hennes vardagsrum med de hundra tavlorna och de tusen böckerna. Men hon hade sluppit matlagning den här gången. Istället hade Arne bjudit henne på restaurang (inte för att han hade så värst mycket pengar kvar, men det hade räckt). Stället där de ätit hette Lido's, det låg i samma kvarter och Beate kände ägaren – som inte hette Lido utan Luciano, precis som en berömd operasångare, fast något annat i efternamn. De hade valt en rätt som började på *Salti*... och det hade smakat lika gott som Beate påstått att det skulle göra. Något som började på *Tira*... till efterrätt, lika gott det.

"Jo, jag tänker så här", sa hon nu. "Alla de andra veckorna – i varenda månad – hör liksom till själva året. Men påskveckan tillhör inte något bestämt år. Det är samma vecka som upprepas hela tiden."

"Hm", sa Arne.

"Jag tror det är just tack vare det här som du fick kontakt med den andra Beate. Det spelar ingen roll om det är 2015 eller 1650, det är ändå skärtorsdag och långfredag och påskafton..."

"... påskdag och annandag påsk", lyckades Arne fylla i.

"Precis. Om det faktiskt är så att man kan resa fram och tillbaka i tiden, så passar det bäst att göra det under påskveckan. Kanske julveckan också, förresten, fast påsken är nog bättre... förstår du hur jag tänker?"

"Jo, jag tror det", sa Arne tvekande. "Jag är bara lite ovan vid att resa i tiden."

Beate skrattade. "Tro inte att jag vet mer om de här sakerna än du. Jag har bara läst om det i böcker."

Arne betraktade bokhyllorna och funderade. Både på vad hon sagt och på om hon läst alla dessa böcker. "Så... så du tror att det var på riktigt som jag träffade den andra Beate? Och att jag hette Aron?"

"Ibland vet jag inte vad som menas med *på riktigt*", sa Beate. "Finns drömmar till exempel? Alltså, *existerar* de?"

"Bra fråga", sa Arne.

"Fast vi kan väl säga att Beate och Aron är på riktigt. Eller *var* på riktigt. Det blir i varje fall mer spännande om det är på det viset."

"Håller jag med om", sa Arne. "Men då betyder det ju att..."

"Att vad då?" undrade Beate men han såg hur tydligt som helst att hon visste svaret. Hon ville bara att han skulle säga det.

"Att vi måste rädda henne", sa han.

"Jajamen", sa Beate. "Precis så är det. Du måste resa tillbaka till sextonhundratalet och befria henne. Vi behöver bara komma underfund med hur det ska gå till. Berätta en gång till vad som hände i det där rummet på Kyffhäuserstrasse, är du snäll!"

Och Arne började göra det. De hade gått igenom det två gånger redan, men han förstod att det var viktigt.

"Vi satt alltså först en stund ute i köket, och sedan..."

Men hon avbröt honom genast.

"Det var inte så att du gick in genom en garderobsdörr, eller så?"

"En garderobsdörr? Nej, varför frågar du det?"

"Det brukar kunna vara så i sådana här lägen."

"Jaså? Nej, jag låg på den där sängen i det mörka rummet, bara. Och Fjärilsmannen satt bredvid på en stol och sa åt mig att jag skulle slappna av, tror jag. Fast jag förstod ju inte vad han sa. Sedan började han räkna... innan jag tuppade av, liksom."

"Gjorde han någonting mer? Eller pratade han bara?"

"Han hade det där timglaset också. Som han höll upp framför ögonen på mig. Men det gick väldigt fort när jag väl hade lagt mig på sängen, jag... ja, jag försvann nog bort på en minut. Eller kortare tid ändå."

Beate nickade och såg allvarlig ut. "Du måste tillbaka dit", sa hon. "Till Fjärilsmannen, det är den enda vägen."

"Jag ska dit på fredag", påpekade Arne.

"På fredag är det din mamma det gäller", sa Beate. "Men flickan kan vara bränd på bålet så dags. Om hon ska räddas så måste det ske senast imorgon. Eller hur, den där inkvisitorn skulle ju komma på skärtorsdagen?"

"Inkvisitorn?" sa Arne.

"De brukade kallas så", förklarade Beate. "Höga präster som hade befogenhet att döma häxor till bålet. Fast det fanns förstås aldrig några häxor. Bara kvinnor som var lite för starka och kanske lite för annorlunda, de fick ta på sig skulden för allt möjligt som hade gått fel. Fy tusan vilken tid det måste ha varit."

"Usch ja", sa Arne.

Beate satt tyst en stund. Arne såg att hon funderade, men han brydde sig inte om att fundera för egen del. Det var mycket bättre om Beate skötte tankearbetet. Han visste att han bara skulle bli sömnig om han ansträngde hjärnan för mycket och han vill absolut inte somna i Beates sällskap. Vad skulle hon tänka om honom då?

"Nyckeln som du skulle hitta", sa hon när hon verkade ha tänkt färdigt, "den skulle finnas inne hos den där prästen, alltså?"

"I hans arbetsrum, ja. I varje fall sa hon det, Beate... den andra."

"Jag är glad att jag får vara den första", sa Beate och log. "Det fanns inga andra sätt att ta sig in till henne? Man kunde inte bryta upp dörren eller så?"

"Jag tror inte det", sa Arne. "Som jag minns det var den väldigt bastant."

"Jag förstår. Så när du kommer tillbaka vet vi i alla fall vad det är du ska göra. Ta dig in i prästgården och leta reda på... vad var det han hette?"

"Carambolius", sa Arne och förvånades över hur lätt han hade att komma ihåg detta namn. De andra detaljerna från den där dagen också, förresten.

"Carambolius, ja", sa Beate. "Du ska söka rätt på hans rum och gå in och stjäla nyckeln, alltså. Men...?"

Hon rynkade pannan.

"Varför säger du *men* på det där viset?" undrade Arne.

Beate behöll rynkan och tänkte efter igen. "Jag menar bara att en nyckel inte är särskilt stor. Hur ska du bära dig åt för att hitta den?"

"Hon sa att den skulle finnas i en ask."

"Javisst ja, det glömde jag. Du ska alltså söka efter en ask... när du väl är därinne. Men var det inte så att...?"

Nu försvann rynkan och hennes ögonbryn åkte upp i pannan. Det såg ut som om någonting just höll på att gå upp för henne, tänkte Arne. Som om hon fick en lysande idé eller någonting sådant. Han själv brukade sällan få det, men han hade sett på film hur folk brukade se ut i ansiktet när de hamnade i det tillståndet.

"Femtio öre för dina tankar", sa han.

Det hade han också hört någon säga på en film och hade tyckt det lät klyftigt.

"Haha", skrattade Beate. "Jo, jag fick för mig att... att du har pratat om en annan ask. Som du skulle överlämna till din mamma, var det inte så?"

"Jo... jovisst", svarade Arne lite förvånat. "Det är ju därför jag är här i Berlin. Det var därför min pappa skickade hit mig."

"Det råkar inte vara så att du tog med den hit ikväll?"

"Asken? Eh... jo, faktiskt", sa Arne. "Den ligger i min ryggsäck ute i hallen."

"Kan vi inte ta oss en titt på den?" föreslog Beate. "Om den nu ändå är här?"

"Tja", sa Arne, "det kan vi väl."

Han gick och hämtade ryggsäcken, tog upp den platta asken och placerade den på bordet framför Beate.

"Så här ser den ut. Men jag vet alltså inte vad som är i den."

"Och din pappa sa ingenting om innehållet?"

Arne skakade på huvudet. "Nej, han gjorde inte det. Bara att jag skulle ta med den till Berlin och ge den till min mamma när jag träffade henne."

"Hm", sa Beate och lyfte försiktigt upp asken. Vände och vred på den några gånger och ruskade på den. "Det är i alla fall någonting i den... jag menar, den är inte tom."

"Nej", sa Arne. "Tom är den inte. Varför skulle jag ge henne en tom ask?"

"Det har du rätt i", sa Beate.

Sedan satt de tysta en stund. En ganska lång stund; Beate höll fortfarande asken i händerna, granskade den från alla håll och kanter och såg fundersam ut. Arne hällde upp mera te åt dem båda, ur den stora gröna tekannan med en giraff på. Tog ett citronkex till från fatet fast han egentligen var proppmätt efter besöket hos Luciano.

"Hrrm", sa Beate till slut. "Och du har inte lyckats öppna den här lilla saken, var det så du sa?"

"Ja, jo", svarade Arne. "Jag menar nej, jag har inte kunnat öppna den. Man behöver en nyckel, och jag..."

"Ja?"

"Jag fick för mig att min mamma kanske har den."

"Aha?" sa Beate. "Ja, det är kanske riktigt. Så kan det ligga till, men håll med om att det skulle vara intressant att få veta vad asken innehåller innan vi träffar din mamma."

"Jo", svarade Arne. "Det är klart..."

"Så om jag kunde pilla upp den, tycker du inte att det vore värt besväret?"

"Det förstås", sa Arne och tänkte efter. "Men du har väl ingen nyckel som passar?"

"Nyckel?" sa Beate. "Nej, det har jag förstås inte. Men det finns kanske andra metoder."

"Andra metoder? Vad betyder det?"

"Ja, jag har ju ingen större uppsättning dyrkar", erkände Beate och log. "Men ett och annat gem och lite ståltråd äger jag nog, och jag tror faktiskt det räcker. Det här låset ser ju inte särskilt komplicerat ut när allt kommer omkring."

"Jag vill inte att vi öppnar asken så att det blir märken", sa Arne bestämt. "Eller att det syns att vi gjort det."

"Självfallet", sa Beate. "Det kommer inte att märkas, jag lovar dig. Följ med mig ut i köket nu, så ska vi se vad vi kan hitta för lämpliga hjälpmedel. Vad gissar du på förresten... om vi nu lyckas?"

"Du menar vad som är inuti asken?"

"Ja. Vad tror du? Vi kan slå vad om... om en Flammkuche?"

"Absolut", sa Arne och kände hur en plötslig våg av spänning fick fatt i honom. "Vi slår vad om en flammkaka. Jag säger att det är... ett brev."

"Hm", sa Beate och rullade före ut till köket. "Ingen dum gissning. Men jag tror att det är ett smycke... inrullat i papper eller tyg förstås, annars skulle det skramla."

"Okej", sa Arne. "Ett brev eller ett smycke..."

"... det är frågan", sa Beate.

Det tog knappt tio minuter för Beate att dyrka upp låset – med hjälp av en lång smal spik och ett uträtat gem – och när hon försiktigt öppnade locket och tog ut innehållet visade det sig att ingen av dem vunnit vadet.

Det var en nyckel.

En ganska stor, gammaldags nyckel, noggrant inlindad i ett tunt tygstycke, som kanske var en näsduk.

"En nyckel", konstaterade hon.

"En nyckel", konstaterade Arne.

Sedan tittade de på varandra och sa ingenting på åtminstone tio sekunder.

"Vad tror du?" frågade Beate sedan. "Jag menar..."

"Den ser ganska gammal ut", sa Arne.

"Det gör den", sa Beate. "Det är väl ändå inte möjligt att..."

"Att vad då?" sa Arne.

"Nej", sa Beate. "Det vore ju verkligen i konstigaste laget."

"Eh...", sa Arne. "Vad är det som vore i konstigaste laget?"

Beate svarade först inte. Satt och vägde den lätt rostiga nyckeln i handen, bara, medan hon bet sig i underläppen och såg ut som om hon försökte räkna ut hur många sandkorn det fanns i Saharaöknen. Det var farbror Lennart som brukade använda det som exempel på hur krångligt någonting kunde vara, men Arne såg till att fösa undan sin envisa släkting ur tankarna, för här behövdes han sannerligen inte.

"Tänk om det är den", sa Beate till slut.

"Den?" sa Arne. Men utan att veta hur det gick till, så trodde han att han förstod vad det var Beate syftade på.

"Ja, jag menar *den*", fortsatte hon. "Fråga mig inte hur det är möjligt, jag känner bara på mig att det skulle kunna vara så. Det hänger ihop, märker du inte det? Ditt uppdrag, det där konstiga rummet på Kyffhäuserstrasse, Fjärilsmannen, Beate den andra och Aron... du och jag."

Du och jag, tänkte Arne. Han kände att han rodnade av någon konstig anledning. Men Beate märkte det inte, hon satt tyst och blängde koncentrerat på nyckeln.

"Okej", sa han efter en stund. "Jag är van vid att inte fatta särskilt mycket, så det låter kanske inte lika knäppt för mig som det gör för dig. Det finns så mycket som är konstigt och som... ja, som jag inte förstår."

Beate hade släppt nyckeln med blicken och såg på honom. Men hon sa ingenting. Satt och väntade på att han skulle fortsätta, tydligen. Att han skulle... räkna ut det som hon redan räknat ut? Det kändes nästan som om hon *krävde* det av honom. Han drog ett djupt andetag.

"Kan det alltså vara så", försökte han, "att min pappa

skickar en nyckel i en ask till min mamma... med mig som budbärare eftersom jag är hans son... *deras* son? Nyckeln är flera hundra år gammal och skulle kunna passa till låset på en dörr i ett hus där det sitter en flicka som... som också är flera hundra år gammal och som ligger verkligt illa till, eftersom... nä, nu måste jag faktiskt gå på toaletten. Det måste vara allt det här teet."

"Du hittar", sa Beate.

Och det gjorde Arne för han hade besökt det ljusgröna badrummet hemma hos Beate Bittner förra gången han var här också. Till och med golvet var ljusgrönt och medan han stod och pinkade konstaterade han att det passade fint ihop med hans skor. Som två stora maskrosor på en gräsmatta om våren såg de ut, hans gulingar.

Om jag vore trubadur skulle jag nog kunna skriva en sång om det, tänkte han. Det var ingen hejd på idéerna i hans skalle.

3

"Vi måste göra upp en plan. Vi kan inte bara låta saker inträffa, vi måste ta kontrollen. Vill du ha mera te?"

"Nej tack", sa Arne. "Jag menar att det räcker med te för min del. Men du får gärna hitta på en plan, så kan jag... vad heter det?... *godkänna* den."

Beate log. "Kanske lika bra att jag gör det", sa hon. "Hursomhelst tror jag att vi väntar med din mamma tills i övermorgon. Det var ju då Fjärilsmannen påstod att du skulle komma tillbaka och få träffa henne. På långfredagen, alltså... eller hur?"

Arne nickade.

"Men om vi ska rädda Beate två så måste det ske imorgon. På skärtorsdagen, precis som hon sa, och jag ser ingen annan lösning än att... att du beger dig tillbaka till Kyffhäuserstrasse. Knallar upp till Fjärilsmannen och ringer på, helt enkelt. Så får vi se. Din mamma kanske dyker upp redan då, förresten..."

"Nja", sa Arne. "Jag vet inte riktigt om jag tycker..."

Beate väntade. Arne drog en djup suck.

"Okej då", sa han. "Men vad ska jag säga... eller göra? Jag kan ju inte ens prata med honom, jag förstod knappt ett ord sist jag var där. Det var bara han som pratade och visade vad jag skulle göra."

"Jag skriver en lapp", föreslog Beate. "Där det står att... tja, att du absolut måste få bli hypnotiserad en gång till. För det var väl hypnotiserad du blev?"

Arne ryckte på axlarna. "Inte vet jag. Men kanske var det så. Jag har för mig att han sa det ordet en gång... *hypnosen* eller vad det nu var. Fast..."

"Fast vad då?" sa Beate.

"Jag kanske missförstod det", sa Arne. "Jag är inte van att bli hypnosi... hypnotiserad."

I huvudet försökte han ännu en gång gå tillbaka till vad det var som egentligen hänt hemma hos Fjärilsmannen. Steg för steg, så att säga. Bit för bit.

"Jag fick för mig att jag skulle hjälpa honom med nåt också", sa han när tankarna inte nådde längre. "Det var liksom inte bara min mamma det gällde. Han skulle använda mig på något vis. Varför skulle han annars hypno... tisera mig?"

"Bra tänkt", sa Beate. "Jo, det verkar ju som om han behöver dig till någonting. Jag förstår bara inte till vad?"

"Inte jag heller", erkände Arne. "Jag har verkligen ingen lust att gå dit, men... men jag förstår att jag kanske måste göra det. Synd att du inte kan vara med."

"Var det ett hus där man kommer in med rullstol?" frågade Beate.

"Jag vet inte. Jag tänkte inte på det."

"Nåja", sa Beate. "Jag tror ändå det är bättre om jag håller mig lite på avstånd och bevakar. Det måste väl finnas ett kafé i närheten där jag kan sitta och vänta..."

Arne tänkte efter igen.

"Jag tror faktiskt det ligger ett på samma gata... snett mittemot, men jag kanske minns fel. Det finns i varje fall ett ställe där de stoppar upp hundar, men där kan du ju inte sitta."

"Nej, knappast", sa Beate. "Men det är ju lätt gjort att kolla hur det ser ut i kvarteret. Hur dags ska vi slå till, tycker du? Det kanske är säkrast att inte vänta för länge, om nu klockan går likadant för Beate två som för oss. Jag menar, den där inkvisitorn kanske dyker upp redan på morgonen?"

"Då går vi dit på morgonen", avgjorde Arne. "Jag kommer förbi och hämtar dig här... klockan nio, blir det bra?"

"Det blir utmärkt", sa Beate. "Har du en mobiltelefon så vi kan ha kontakt om det behövs?"

"Ja, fast... jag menar nej. Jag har ingen mobil."

"Synd. Fast det får gå ändå. På sagornas och lägereldarnas tid fanns inga telefoner överhuvudtaget. Det gick att leva ändå. Förresten, vad har du gjort hela dagen idag? Innan du kom hit alltså?"

Arne kände sig plötsligt villrådig. Skulle han berätta eller inte berätta?

"Det var en duva...", sa han så. "Det är lite konstigt."

Beate Bittner trodde knappt sina öron när han återgav morgonens utflykt med Evert Taube. I varje fall sa hon så: "Det här var bland det knäppaste jag hört i hela mitt liv. Du är rolig du."

"Tycker du?" sa Arne. "Ja, så var det i alla fall."

"*Samborombon?*"

"Ja."

Hon tänkte efter, sedan sken hon upp. "Vet du, jag tror faktiskt jag har en cd med Evert Taubelåtar. Vi använde den när jag läste en kurs i svenska för en massa år sedan. Och det är Evert själv som sjunger. Nu ska vi se."

Hon rullade fram till en av bokhyllorna, där det också stod flera röriga staplar med cd-skivor, och efter en stunds grävande hade hon hittat rätt. Hon satte på skivan och snart kunde de höra en betydligt ålderstigen Evert Taube rossla fram balladen om Fritiof och Carmencita. När Arne nu hörde den sjungas på riktigt, kom han också ihåg mer av texten och började försiktigt sjunga med. Beate nynnade och log och Arne tänkte att... ja, vad tänkte han egentligen?

Jo, att han aldrig någonsin varit med om något liknande, det var vad han tänkte. Här satt han i en fåtölj hemma hos en kvinna han alldeles nyligen träffat i staden Berlin, och han sjöng, vad hette det?... duett?... med Evert Taube, som lika gärna kunde ha hetat Evert Dufva, om man översatte det från tyskan, samma namn som hans försvunna mamma bar... om det nu inte var Vogel... henne som han var på jakt efter för att överlämna en ask han fått av sin döde far, en ask som de just lirkat upp och hittat en nyckel i, som...

... som kanske passade till låset på en dörr bakom vilken det satt en annan Beate, som han hade träffat medan han hypno... hypnotiserats av en fjärilsman och som troligen hörde hemma på sextonhundratalet, den andra Beate, vill säga, vad var det hon hette i efternamn?... jo, Greivald... Beate Greivald, just så var det och hon skulle snart brännas på bål om inte någon, närmare bestämt han själv (fast under namnet Aron), grep in och räddade henne.

Och just för tillfället gick alltihop i en danstakt som Beate Bittner illustrerade genom att vifta med händerna och gunga med överkroppen i sin rullstol, en rytm och en dans som hette tango.

Vamos a bailar este tango, mullrade Evert Taube ur högtalarna.

Herre min skapare, tänkte Arne Murberg. Det här blir bara konstigare och konstigare.

Eller var det *bättre och bättre* han menade?

När Evert sjungit färdigt sa Beate:

"Vi tar den en gång till, eller hur?"

"Ja", svarade Arne. "Det gör vi."

4

På vägen hem från Meranerstrasse vandrade Arne i ett moln av tankar. Men det gjorde ingenting. Det var inte det luddiga, tröga moln han var van vid; det kändes som om han kunde se rakt in i det och hålla isär det ena från det andra. Tankarna grötade inte ihop sig och satte inte fart på karusellen så att han bara ville stänga av alltihop, och han undrade vad det kunde bero på. Som om hans hjärna hade fått i sig någon sorts vitaminer under dagarna i Berlin, som om det kommit en stark vind och blåst bort en massa ludd och skräp och kortslutningar som lagrats i skallen på honom under alla dessa år.

Ända sedan olyckan. Inte så att han trodde att han plötsligt blivit normal, att han kunde resonera och fundera som vanliga människor, räkna ut saker och ting eller minnas vad som hände på sommaren 2008. Men det var ändå någonting. Någonting hade hänt... eller höll på att hända.

Eller hur? tänkte han. Bara att han två dagar i rad varit hemma hos en kvinna i hans egen ålder. Suttit och pratat, bjudit henne på restaurang och allt möjligt. Gjort upp planer. Vem skulle ha trott det för en vecka sedan, när han tog avsked av farbror Lennart däruppe på Arlanda? Att det faktiskt inte gått längre tid sedan han anlände till Berlin var märkligt. Det hade inträffat fler händelser under denna vecka än det gjort på... ja, han visste inte. Åratal i varje fall.

Men även om han tyckte att något friskt hade hänt med hans huvud, så fanns det förstås obegripligheter. Gott om obegripligheter; större och konstigare än han någonsin varit med om. Fjärilsmannen och Beate två. Aron och nyckeln. Duvan och... nej, han bestämde sig för att inte tänka mer på det. Insåg plötsligt att han gått alldeles för långt på Berlinerstrasse och att han borde inrikta sig på att hitta tillbaka till Fasanenstrasse.

Han hade kanske fått nya vitaminer i hjärnan, men han var inget snille. Bäst att komma ihåg det.

När han kom hem till Hotel Munck hade klockan just passerat elva och receptionen var obemannad. Uppe på rummet hittade Arne ett litet kuvert på golvet; det låg alldeles innanför dörren och han upptäckte det inte förrän han satt sin ena gula fot på det.

Farbror Lennart, tänkte han med en trött suck medan han synade kuvertet och sedan vek upp fliken.

Men meddelandet var inte från farbror Lennart. Det var handskrivet och efter att ha stavat sig igenom det tre gånger – och sålunda ytterligare satt sitt nyvaknade förstånd på prov – kom han fram till att avsändaren måste vara Fjärilsmannen. För att förvissa sig om att

Arne skulle förstå innebörden hade han skrivit på både tyska och engelska. Åtminstone fick Arne det intrycket.

Herr Mr Arne Murberg
Morgen, Donnerstag – Tomorrow, Thursday – 13 Uhr,
1 o'clock – Kyffhäuserstrasse 52 – Wichtig! Important!
Kommen Sie! Come!
Herr Professor Anatolis Litvinas.

Arne önskade att han haft sin mobiltelefon kvar, för i så fall kunde han ha ringt till Beate Bittner och diskuterat saken med henne. Men han trodde ändå att han begrep vad det var Fjärilsmannen (som tydligen hette Anatolis Litvinas på riktigt) ville. Arne skulle infinna sig på Kyffhäuserstrasse klockan ett redan följande dag. Nu hade ju han och Beate gjort upp om att de skulle bege sig dit redan på morgonen, men kanske fanns det goda skäl att lyda Fjärilsmannens uppmaning och vänta ett par timmar.

Hursomhelst skulle han träffa Beate klockan nio, så om han bara kom ihåg att ta med sig meddelandet hem till henne hade de ju gott om tid att planera och bestämma hur de skulle lägga upp det hela.

Eller hur, Perry? tänkte Arne medan han borstade tänderna. Visst har vi koll på läget?

Absolut, svarade Perry. *Hundra procent.*

Arne kontrollerade att hans skor inte behövde någon kvällsrengöring, rev av sig kläderna och somnade in i stort sett samtidigt som han släckte sänglampan och placerade huvudet på kudden.

ÅTTONDE DAGEN

1

Han tvekade.

Planen hade varit att han skulle prova med vilken av porttelefonerna som helst – utom Vogels – och fortsätta tills han blev insläppt på Kyffhäuserstrasse 52. Men porten hade stått öppen den här dagen också, kanske var det Fjärilsmannen som sett till det. Han förväntade sig ju att Arne skulle komma och hans namn fanns inte med på tavlan nere i porten.

Litvinas. Det var så han hette på riktigt, men inte heller på hans dörr tre trappor upp stod något namn. Man kunde undra varför.

Och det var just där som Arne Murberg stod och tvekade. Varför kunde han inte lika gärna undersöka om hans mamma var hemma? Om det nu var så att hon bodde i Fjärilsmannens grannlägenhet.

De hade bestämt att han inte skulle göra det, han och Beate. Inte besöka Frau Vogel i bostaden, vem hon än var, och det var väl denna överenskommelse som var den andra, lite tyngre halvan av hans tvekan. Mamma

Violetta skulle vänta till långfredagen, skärtorsdagen var vikt åt Fjärilsmannen och Beate den andra. Var det inte så de hade sagt, Arne och Beate den första? Jo, så var det.

Fast vad som faktiskt skulle komma att hända de närmast följande timmarna var inte lätt att veta. Det gick nästan inte att gissa ens. Varför hade Fjärilsmannen velat ha kontakt redan idag, till exempel? Vad hade han för skumma planer? Vem var han egentligen? Skulle han gå med på att hypnotisera Arne en gång till?

Bra frågor, hade Arne sagt och Beate hade hållit med. För bara några minuter sedan hade han tagit farväl av henne på ett kafé som låg runt hörnet på Frankenstrasse. Hon hade förklarat att hon ämnade sitta kvar där i exakt fyra timmar, och om han inte hade återvänt innan dess skulle hon kontakta polisen.

"Polisen?" hade Arne undrat. "Varför då?"

"Därför att jag är orolig", hade Beate svarat och han hade inte frågat vidare.

Men nu var tveksamheten över. Han konstaterade att klockan var precis ett, sträckte ut ett lite darrigt pekfinger och ringde på hos Fjärilsmannen, Herr Professor Anatolis Litvinas.

Jag är beredd, tänkte Arne Murberg. På vad som helst faktiskt.

Det var lika mörkt som förra gången. Och Fjärilsmannen var sig på pricken lik, åtminstone som Arne mindes det. Han måste ha stått i hallen och väntat, för det gick inte mer än en sekund innan dörren öppnades. Han sträckte fram handen och sa någonting som Arne inte förstod. Men han fattade handen, sa "Guten Tag", och så följdes de åt in till köket.

Här brann två stearinljus, Arne kunde inte minnas om det varit ett eller två förra gången. Men det hade väl ingen betydelse? Fjärilsmannen satte sig och tecknade åt Arne att slå sig ner. Han gjorde så; hans värd lutade sig framåt, placerade armbågarna på bordet, knäppte händerna och lutade hakan mot dem. Mitt emellan dem låg en stor bok uppslagen och efter en kort stund, medan de bara satt och betraktade varandra under tystnad, såg Arne att det var en bibel. Gammal som gatan antagligen, sidorna i den var tjocka och gulaktiga och det såg ut som om möss eller råttor gnagt på pärmarna. Intill den stod en glasskål fylld med en röd vätska. På ytan flöt tre tunna löv, ett grönt, ett gult, ett ljusbrunt.

Jaha ja, tänkte Arne och drog en djup suck. Om farbror Lennart och faster Polly vore med skulle de ha svimmat bägge två. Konstigare än så här blir det inte.

Men det blev det. Fjärilsmannen slöt ögonen och började rabbla någonting på ett språk som i varje fall inte var tyska, det var Arne säker på. Inte heller engelska eller svenska, men det fanns förstås många språk i världen. I alla händelser var det samma ord som återkom hela tiden och det var en ganska kort ramsa; han läste den med dov röst men ändå i ett sjungande tonfall och medan han höll på började Arne känna att hans ögonlock blev tunga och att det plötsligt var svårt att hålla sig vaken. Han hade trott att han skulle få lägga sig på sängen i rummet som förra gången och bli hypnotiserad där, men så behövde det förstås inte vara. Kanske skulle han tuppa av här ute i köket och föras tillbaka till den där platsen och den där tiden där han skulle utföra sin uppgift. Fast lika gärna kunde han ju hamna någon annanstans och ställas inför ett nytt problem som han inte kunde lösa. Hur skulle man kunna veta? Med ens kom en konstig känsla över honom: det var som om allting kvittade. Beate den första och Beate den andra och Berlin och Evert Taube och mamma Violetta, ja, de fick klara sig bäst de ville, bara han själv... bara Arne Albin Hektor Murberg fick ta igen sig en stund. Sova en kvart eller en halvtimme, det var plötsligt det enda som betydde någonting. Han gäspade stort och lutade huvudet i händerna på samma sätt som Fjärilsmannen, men just som han trodde att han skulle falla i sömn, gav hans värd till ett högt rop och reste sig hastigt.

Arne höll på att ramla av stolen. Fjärilsmannen höjde sina händer mot taket och ropade på nytt. Obegripliga ord, men för tillfället var allt mer eller mindre obegripligt. Efter en stund satte han sig igen och spände ögonen i Arne.

"Wir sind schon da", sa han med låg och väsande röst. "Wir sind schon da. Wir... sind... schon... da."

Eftersom han upprepade det och talade så långsamt tyckte Arne att han förstod litegrann. *Vi är... där*, var det inte det han sa? Det var ett ord till som han inte förstod – *schon* – men för övrigt tycktes Fjärilsmannen påstå att de var någonstans. Han själv och Arne antagligen, eller menade han några andra?

Och vad gjorde han nu? Jo, nu sträckte Fjärilsmannen ut sina händer mot skålen med den röda vätskan och mycket försiktigt doppade han ner fingrarna i den. Bara de yttersta fingertopparna, sedan lyfte han upp dem, höll kvar dem en sekund över skålen innan han tryckte dem mot sina tinningar.

Och sedan mot Arnes tinningar.

Därefter slöt han ögonen och började rabbla någonting dovt och mystiskt igen, och så blåste han ut de bägge ljusen.

Det blev kolmörkt i köket. Efter några sekunder tyckte sig Arne kunna urskilja en del skiftningar i grått, samtidigt som en ny stickande lukt trängde sig på, men så fick han ett hårt slag i huvudet och det blev ännu mörkare. Nattsvart.

2

Han står på en vedbacke med en yxa i handen. Det känns som om han har gjort det förr men han vet inte vem han är.

Eller när?

Eller var någonstans?

Vädret är vackert, solen står lågt. Håller på att gå ner bakom en skogsrand, det sluttande gårdstunet vilar redan till hälften i skugga. Den grova skjortan klibbar mot hans rygg, så han har säkert hållit på med veden en stund. Med vana rörelser plockar han upp en ny klabb, placerar den på huggkubben och klyver den med ett välriktat hugg, men utan särskilt mycket ansträngning.

Upprepar samma sak fyra eller fem gånger, sedan hör han en kvinna ropa.

"Aron!"

I samma stund vet han att det är hans namn.

Och att kvinnan är hans mor. Hon heter Gertrud och han kan se henne där hon står i dörröppningen till boningshuset ett tjugotal meter längre ner mot vägen.

Gammal ser hon ut, men ändå stark. Grova underarmar sticker ut ur det grå klädet och i ena handen håller hon en spann som verkar tung. Den motsatta armen pekar rakt ut och kroppen lutar en smula. Vitt huckle över hår och huvud.

"Kvällsvard, Aron!"

Så vänder hon in i den mörka dörröppningen. Han hugger fast yxan i kubben, torkar svetten ur pannan med skjortärmen och följer efter henne.

Runt det långsmala träbordet sitter tre vuxna och ett barn i tioårsåldern. När även mor Gertrud och han själv intagit sina platser ber en uråldrig och snedväxt man vid kortsidan under fönstret måltidsbön. Hans stämma är skrovlig och matt och det är svårt att uppfatta hans ord, han verkar tandlös och kanske ligger hans förstånd i träda. Aron vet att det är hans farfar, han heter Gurt och skall knappast överleva en vinter till.

Kanske en sommar om Gud vill.

De övriga vuxna är hans mor, hans far Egard samt drängen Josia, som de delar med granngården där hans farbror Nokim bor med sin hustru Jenna samt barnen Jefta och Simon.

Hur alla dessa namn kommer till honom vet han inte, men det är ingenting som bekymrar honom. Vad som nu gäller är att stilla den hunger som härjat i honom under eftermiddagens långa timmar. Hans mor lägger för dem, en varm stuvning på rotfrukter och två skivor kallt fläsk till var och en, men bara en till lillasyster Minna. Egard skär av brödet och delar ut på samma vis. Vatten och mjölk står i två stånkor mitt på bordet, härifrån kan man hälla efter behag. När alla blivit serverade läser farfar Gurt ytterligare en rad från skriften – eller bara från sitt eget huvud – och man börjar äta under tystnad.

När han fått i sig ena fläskskivan och hälften av stuvningen och den värsta hungern är stillad, kommer han ihåg Beate. Hon dyker upp i hans tanke som ett ovädersmoln efter en klar morgon. Eller tvärtom: som den första solglimten efter ett oväder, han kan inte avgöra vilket. Ungefär samtidigt blir han medveten om någonting hårt innanför skjortan, och när han trycker handen mot det känner han att det är en nyckel. Den hänger där, stor och kall, högt upp på hans bröst i en rem runt hans hals och han har ingen aning om hur den kommit dit.

Däremot kommer Beates berättelse över honom. Som en strid fors är den och han förstår att han har viktigare saker att ta itu med den här dagen än att sitta i godan ro och spisa kvällsvard. Oerhört mycket viktigare.

Men man reser sig inte från bordet förrän alla ätit färdigt och farfar Gurt tackat för maten. Och inte blir Arons oro mindre av vad pappa Egard säger när han för sin del fått i sig vad han behöver – eller av samtalet som följer.

"Han har visst kommit till bygden, den där häxbrännarmästaren", harklar sig husbonden. "Litvonius lär han heta och han ser nog till att vi får oss ett redigt bål till livs vad det lider. Ett häxbål, sanna mina ord."

"Inte har vi några häxor hos oss", svarar hans hustru och ser ut att rysa till. "Han är här i ogjort väder."

"Det räcker med en", svarar Egard. "Och det har vi nog. Hon lär ska brinna redan imorgon. Gott så, sedan är det över och Herrens nåd kan lysa över oss igen."

"Vem har sagt att hon ska brinna imorgon?" undrar Gertrud. Det är tydligt att bara dessa två har att sköta talet under måltiden, husfar och husmor, övriga sitter stillatigande och ser från den ena till den andra med ivriga ögon och gapande munnar. Drängen Josia har fått något nästan lystet i blicken.

"Det har jag från min bror", svarar Egard. "Nokim hjälper ju till hos prästen och även om han inte har långa öron så kan han inte undgå att höra ett och annat. Imorgon har vi långfredag och då ska hon brinna när solen gått ner."

"Hon?" säger Gertrud. "Är det stackars Beate på Greivald, eller är det någon annan de har utsett för sina synders skull?"

"För *hennes* synders skull menar du väl att säga?" frågar Egard en aning irriterat.

"Jag säger bara vad jag menar och tror", svarar hans hustru och nu är husbonden alltför harmsen och stukad för att vilja fortsätta samtalet. Istället tecknar han åt farfar Gurt att tacka Herren för maten.

Och det gör farfar Gurt. Den här dagen som alla andra dagar.

Ett par timmar senare, när kvällens sysslor är avklarade och det mörknat över världen, har Aron lämnat hemmet. Han banar sig väg genom brännässlorna bort mot Beates fönsterglugg i hennes fängsel. Han vet fortfarande inte vem han är och hans huvud är tomt på minnen som en uttorkad brunn. Namnen på hans folk och fränder är bara namn och vart vägen leder bortom prästgården har han ingen aning om. Bergen i fjärran är uppätna av natten och hans hjärta darrar som hos en skadad duvunge.

Mor och far och syster Minna tycks känna mig, tänker han. Ändå är det som om jag kommit någon annanstans ifrån. Kanske är det så för alla och envar, men jag får för mig att någonting hålls dolt för mig. Någonting det är bäst att inte veta om.

Han kommer fram till gluggen, makar stenen till rätta och kliver försiktigt upp på den så att hans ansikte kommer i bättre höjd. Det är tyst och mörkt därinne, han försöker skärpa hörsel och syn men kan ändå inte uppfatta det allra minsta.

"Beate?" viskar han och greppar om gallret.

Inget svar. Han försöker på nytt, lite högre.

"Beate?"

Ingenting.

Hon måste ha hört mig om hon är därinne, tänker han. Varför svarar hon inte? Vad är det som hänt?

"Beate!" Nu ropar han, kanske inte så välbetänkt, men duvohjärtat pickar så hårt i bröstet på honom. Kanske har han kommit för sent.

Inget tecken på liv därinifrån nu heller. Han hoppar ner från stenen och står villrådig i mörkret invid väggen en stund. Så går han runt hörnet och spanar bort mot själva prästgården. De bägge flyglarna och mangårdsbyggnaden. I några av fönstren syns ljus och i skenet från ett par lyktor som hänger på stallväggen kan han urskilja en täckt vagn.

Vad var det hans far sa? Litvonius? Är detta ekipaget han kommit farande i? Säkert är det så, tänker Aron, skulle duga åt en kung. Och säkert sitter han just nu och spisar kvällsvard inne hos prosten Maximander och den lismande skurken Carambolius.

Hur kan Aron veta att han är en lismande skurk, hjälpprästen Carambolius?

Därför att Beate sagt det? Är det så?

Beate som är en häxa. Han huttrar till vid tanken. Tänk om Carambolius har rätt. Tänk om hon står i förbindelse med djävulen själv, den unga och fagra Beate på Greivald? Visst är det så att alla unga häxor är fagra, det är deras säkraste tecken. Deras lockelsegarn.

Nej, bort det, bestämmer han. Har han inte en gång för alla lovat att han ska rädda henne? Tvekan och tvivel bor i dårars bröst... eller om det är någonting annat som bor i dessa stackares bröst, han kommer inte ihåg men det står om det i skriften. I alla händelser måste han göra någonting, inte bara stå här som en byfåne och trampa. Var har de gjort av henne? Var håller hans hjärtevän hus denna mörka skärtorsdagskväll i väntan på bålet?

Min hjärtevän? tänker han och hans pickande hjärta pickar plötsligt på ett annat vis. Eller sjunger det rentav?

Idiotiska frågor. Tid att handla. Inte stå och drömma, som en velig dummerjöns.

Han tar sig bort mot själva prästgården. Går trevande över kvällsdaggigt gräs. Någonstans skäller en hund, någon annanstans hoar en uggla. Men inget väsen kommer i hans väg, varken människa eller djur. Varken vän eller fiende.

Han rundar den ena flygeln, som ligger i mörker, och hittar gömsle bakom ett stort träd som växer bara någon meter från mangårdsbyggnadens ena gavel. Blir stående här ett slag medan han lyssnar och samlar mod. Det hörs röster därinifrån, men bara svagt, inget fönster står öppet och stockväggarna är tjocka och vältimrade.

Med några kvicka steg är han framme vid fönstret. Står vid sidan av det, tryckt mot väggen, medan han spanar åt alla håll och låter sitt hjärta lugna ner sig. Nu hör han rösterna tydligare, men det är visst bara en röst, åtminstone för tillfället. En vass och lite obehaglig mansröst, han känner inte igen den. Varken prästens eller hjälpprästens är det, så han antar att det är den tillreste som pratar därinne. Vad är det de kallar honom? *Inkvisitorn?*

Ja, så är det bestämt. Han som har makt och befogenhet över allt möjligt. Som äger kunskap och lärdom av obegripliga mått. Till exempel kan han avgöra vem som är i förbund med den onde. Och som därför skall brännas på bål som häxa.

Så är det. Sådan är han, denne Litvonius, som nu står och orerar därinne.

Och hurdan är han som står och trycker sig intill väggen?

En pojkspoling på femton eller däromkring. Utan kunskaper och lärdom, kan knappt skriva sitt namn eller dra trettio från sjuttiofem.

Men ett klappande ungt hjärta har han. Och ett löfte har han avgivit. Härom kvällen, visst är det så?

Jo, så är det helt visst.

Modig? Knappast. Han är rädd som en harunge i ett rävgryt, men det spelar nu ingen roll. Han måste göra det han är satt att göra. Han är ju en främling som inte ens känner namnet på sin by eller sitt land, så någon mening måste det ändå finnas med att han står här i mörkret och försöker lyssna med långa öron.

En mening som han inte ens anar, men djupt inom sig har han en röst som manar på.

En röst som låter annorlunda än inkvisitorns, alldeles annorlunda. Djup och trygg och fylld av malm är den, ingen ihåligt klingande cymbal, som den därinne.

Fortsätt, manar den på. *Du vet vad du har att göra, Aron*.

Och han vet. Nog vet han.

Försiktigt sticker han upp sitt huvud och kikar in. Bara ett par ögonblick så han får scenen klar för sig.

Den bränner sig fast i honom som en altartavla.

Tre högresta mörka män. Två sitter på rakryggade stolar, han i mitten står bredbent och myndig.

Något med hans ansikte, den myndige i mitten. Han har stort rött skägg, men det som drar blicken till sig är en mörk fläck i hans panna, som märket efter ett eldjärn. Det ser besynnerligt ut. En fågel?

På golvet nedanför dem en ung kvinna.

Det är hon, Beate på Greivald. Hennes händer är bakbundna, hon sitter obekvämt, snett lutad mot väggen. Hennes kläde är grått och slitet. Bara, smutsiga fötter, håret vilt och tovigt.

Ändå är hon vacker. Vacker och trotsig. Hon bränner sig djupare fast i Arons hjärta än de tre männen. Djupare än inkvisitorn, djupare än hans eldmärke i pannan. Han lutar sig mot väggen, försöker lyssna, men orden hörs bara som ett tomt mässande. Prat utan innehåll, ett dött vattendrag utan fisk.

Han vet ju ändå vad som sägs. Inkvisitorn Litvonius har funnit att Beate på Greivald haft samröre med mörkrets makter. Därför dömer han henne till bålet; inte skulle han vidta denna långa resa med oförrättat ärende. Naturligtvis inte; han har kommit för att bränna en häxa och då skall en häxa brännas.

Nästa dag. Imorgon, som är själva långfredagen. Aron minns att det är just så som Beate förklarat det för honom. Dömandet är en formsak, men det måste skrivas in i böcker att saken är vederbörligen behandlad. En häxa är bränd, kvinnan är djävulens bländverk.

Han kramar om nyckeln under skjortan. De kommer väl att föra henne tillbaka till fängslet när rättegången är över? Hon kommer väl att tillbringa sin sista natt där? För det är då och därifrån han skall släppa ut henne. Med hjälp av en nyckel som kommer från gud vet var men som hänger om hans hals. Beate har sagt åt honom att leta efter en nyckel inne hos hjälpprästen Carambolius, men det behöver han alltså inte göra. Det är han tacksam för.

Han skulle inte tycka om att bli ertappad därinne.

Plötsligt bryter fullmånen igenom ett moln på den mörka himlen. Kastar oroliga fält av blekt ljus över prästgårdstunet, men inte över Aron där han står tryckt mot en gavel.

Det är just månen som skall leda dem, han förstår det. När han och Beate flyr genom natten kommer det mindre av de två himlaljusen att lysa deras väg. Så är det. Så skall det bli. Varsamt tassar han tillbaka till förrådshuset. Bereder sig på att vänta.

Vänta och våndas.

3

Aron har somnat bland sina brännässlor. Han sitter ihopsjunken på marken, lutad mot väggen, och de senaste timmarna har nervösa drömmar jagat genom honom. Drömmar och frågor. Vem är han? Vem är Beate på Greivald? Varför känns namnet Litvonius så välbekant? Vadan och varthän?

Men nu väcks han. Frusen och skrämd far han upp. Det hörs röster på andra sidan huset; röster och tumult. Det är Beate Greivald som står för tumultet, ingen tvekan om saken. Av ljuden att döma försöker hon slita sig lös från de starka manshänder som håller henne i hårt grepp och för henne tillbaka till hennes fängsel. Aron tänker att hon borde förstå att han är på plats, att hon inte behöver göra motstånd eftersom han kommer att rädda henne precis som de kommit överens om.

Men hon kan ju inte veta att han står där han står. Hon känner inte till att han är en ung man värd att lita på och att han kommer att rädda henne från häxbålet och från dödens käftar.

Så därför skriker hon och bråkar. Vräker ur sig svordomar och okvädinsord mot sina övermän, osande eder som nästan får Aron att rodna när han hör dem. Lugna ner dig, käraste Beate, vill han säga till henne. Gör inte mer motstånd, låt dem låsa in dig, bara. Jag har ju nyckeln hängande här runt min hals. Han fingrar på det skrovliga järnet och undrar var den kommer ifrån.

Men det är bara en av alla frågor. Hela livet känns som en gåta.

Till slut får de in Beate i fängslet. Slår igen dörren och låser omständligt, Aron hör att de faktiskt varit tre stycken. Tre karlar för att klara av en sextonårig jänta. Eller om det är sjutton hon är, Aron vet inte. Han vet ju inte ens hur gammal han själv är.

Fast att han är vuxen, det är han säker på. Känner det alldeles tydligt en sådan här natt när fullmånen på nytt tittar fram.

Och att Beate på Greivald också är det.

Nu har det tystnat. Nu ger sig männen muttrande tillbaka över gårdstunet. Häxan är inlåst, imorgon ska hon brinna, till Guds och hans trogna undersåtars behag och fromma.

Aron väntar tills allt är så stilla att han kan höra den svaga vinden i lönnarnas kronor, de lönnar som står i gles men prydlig rad på uppfarten till kyrkan. Då kliver han upp på stenen och viskar hennes namn.

"Beate?"

"Aron?"

Hon far upp därinne och med ens är hennes ansikte

tätt intill hans. Bara gallret skiljer dem åt, men han kan nästan inte se henne i mörkret. Hon snyftar och säger hans namn flera gånger.

"Aron, Aron, Aron... du kom i alla fall."

"Ja", svarar han. "Jag är här."

"Jag hade nästan förlorat hoppet", säger hon. "Varför dröjde du så länge?"

Han vet inte vad han ska svara, så han svarar ingenting.

"Har du nyckeln?"

"Jag har en nyckel", säger han. "Jag vet inte om det är den rätta."

Han inser att han borde ha provat. Det har ju funnits gott om tid medan rättegången i mangårdsbyggnaden pågick. Men han har varit alltför förvirrad för att tänka på den saken. Alltför upptagen med sin rädsla och sitt tvivel.

Nu tvivlar han inte längre. All tveksamhet är som bortblåst. Han skyndar runt byggnaden, famlar fram den tunga nyckeln ur skjortan och försöker dra läderremmen den hänger i över sitt huvud. Upptäcker att remmen är för kort och när han försöker rycka av den är den för stark. Han får fram en knut men den är alltför hård för hans fingrar, han får inte upp den.

Vad gör han då? Han tänker efter ett par sekunder, sedan böjer han sig fram och med kinden tryckt mot dörrträet får han nyckeln i låset och vrider om. Beate därinnanför, på andra sidan, manar på honom. Skynda, skynda, käresta, säger hon.

Käresta.

Den glider runt så fint, den stora nyckeln; ett halvt

varv, sedan fastnar den. Han tar i av alla krafter för att få den vidare, men den besvärliga kroppsställningen gör att han inte orkar. Istället prövar han att vrida nyckeln tillbaka, men det går inte åt det hållet heller. Kanske är det inte den rätta, trots allt. Nu sitter den som en sten i låset, hans huvud är tryckt mot dörren, plötsligt sköljer en våg av skräck över honom. Han sitter fast. Fånigt fångad i sin egen snara och därinnanför väntar hans Beate otåligt på att bli befriad ur sitt fängsel.

Hon som just blivit dömd att beträda bålet i morgon dag.

Skynda, skynda.

Han sliter förtvivlat i läderremmen men den håller. Varför har han ingen kniv i bältet? Han slår knogarna blodiga mot nyckeln, den rubbas inte. Han hör hur Beate börjat gråta på andra sidan dörren.

"Vad gör du?" snyftar hon.

"Var inte rädd", försöker han trösta.

Men nu hör han något annat också. Röster och steg som närmar sig bortifrån prästgården.

4

Efter knappt tre timmar bestämde sig Beate Bittner för att lämna kaféet på Frankenstrasse. Hon hade lovat att vänta i fyra, men plötsligt hade en stark olust kommit över henne. En rädsla rentav; den hade börjat långt nere i hennes skruttiga ben och sedan fortplantats upp genom kroppen. Som en... som en eld, tänkte hon. Eller ett förebud om eld, en uppmaning att fly innan lågorna kom för nära. Det var en både bekant och underlig idé; hon hade varit med om det förr och ändå inte, inte själva varningen, och för ett kort ögonblick, inte mer än en sekund, tyckte hon sig höra morfars röst i huvudet.

Ge dig iväg, flicka. Sätt dig i säkerhet. Det ska brinna igen.

Hon drömde om morfar Eugen ibland, det hände. Men han brukade inte tala till henne på det viset. Inte låta så skrämd. Inget kunde väl skrämma morfar, levande eller död?

Hon betalade, satte på sig handskarna och rullade ut från kaféet. Kom rakt in i vinden, det hade börjat blåsa upp ordentligt medan hon suttit och smuttat på sitt te och tuggat sina mandelskorpor med kvittenmarmelad, en av det här kaféets specialiteter. Hon tog sig runt hörnet och kastade en blick längs Kyffhäuserstrasse. Det syntes ingenting särskilt borta vid 52:an. Ingen annanstans heller; ändå kände hon den där starka oron i kroppen. Hon hade sin enkla stol idag, inte permobilen, eftersom hon haft sällskap av Arne hit. Det var hon på sätt och vis tacksam för, hon behövde jobba med armarna för att jaga ut det där obehagliga ur blodet och musklerna. De ynka muskler hon hade kvar – fast det var knappast där problemet satt, inte den här gången.

Nej, i huvudet satt det, detta som pågick och som hon inte kunde få grepp om. Kanske för att hon inte ville; livet innehöll tillräckligt många grå vardagar för att man skulle tacka nej när det plötsligt kom ett skimmer. Även om det var ett skimmer med mörka stråk. För det var det väl? Omen och varsel, fan och hans mormor, tänkte hon. Eller vad? Ända sedan hon stötte på den här egendomlige svensken uppe i Tiergarten hade någonting varit i görningen. Vagt och drömskt som en oskriven saga hade det känts. Eller som... som oron och nyfikenheten hos ett mycket litet djur som vaknar under en frostig lövhög efter en lång vinter. Det var också en konstig bild, men ibland anfölls hon av sådant. Hon brukade tänka att hon nog läst för många berättelser i sitt liv, men hade man gjort böckernas värld till sin egen så hade man.

Och satt man i rullstol så gjorde man.

Obeslutsam rullade hon ett varv runt kvarteret. Aningarna om fara fortsatte att rumstera i henne, men de hade liksom ingen riktning. Skickade inga signaler om vad hon borde ta sig för. Kanske hade någonting hänt däruppe hos Fjärilsmannen, ja, det kunde hon väl ta för givet, men vad? *Vad* hade hänt?

Och vad skulle hon göra åt det?

Kalla på polisen? Det hade hon sagt till Arne, men vad skulle hon berätta för dem i så fall? Blotta tanken på deras miner när hon började förklara situationen med Beate den andra och nyckeln och den egendomlige svensken som kommit till Berlin för att leta rätt på sin mor... ja, det fick henne att avstå från att ens försöka.

För att inte tala om duvan Evert Taube. Fjärilsmannen och förebuden om häxbålet. Snurrigt var bara förnamnet.

Så vad göra, alltså? Det var svårt att ta sig in med rullstol i 52:an, det hade hon redan undersökt. I varje fall om man inte fick hjälp, och även om hon lyckades ta sig upp med hissen till den aktuella lägenheten, vad tänkte hon att hon skulle uträtta där? Om det var som både hon och Arne trodde – och hoppades? – så befann han sig just nu på en annan plats i en annan tid. För att rädda en ung flicka, en annan Beate, från att brännas på bål. Det var ju det alltihop gick ut på, men när man satt här ensam i blåsten på Kyffhäuserstrasse var det med ens svårt att hålla fast vid den historien. Att riktigt *tro* på den. Alldeles vanliga människor gick omkring på trottoarerna och sköt alldeles vanliga barnvagnar framför sig, vanliga bilar var parkerade på bägge sidor av gatan och en särdeles vanlig cyklist stod och pumpade sitt bakdäck vid cykelaffären borta på hörnet. Något sagoskimmer var det verkligen svårt att få syn på men den där oron inombords gick inte att ignorera. Som om... som om någonting höll på att gå alldeles åt pipsvängen.

Pipsvängen? Var kom det ordet ifrån?

Astrid Lindgren förstås. Mitt i all grå vanlighet dök hon upp som en sagotant framför en lägereld. Beate log. Det fanns andra världar. Det fanns andra sorters eldar, och trollkarlar och knytt och prinsessor inlåsta i höga torn och enhörningar. Vid regnbågens slut stod en skattkista full med gulddubloner och om man gick till sängs i april 2015 kunde det hända att man vaknade i mars 1653.

Jag är bestämt inte riktigt klok, tänkte hon. Men det struntar jag i. Om jag inte fick vara lite galen och tro på det jag vill tro på, skulle jag inte stå ut. Eller hur, morfar?

Alldeles riktigt, flickan min, svarade morfar Eugen. *Det gläder mig att du inte lyckats växa upp ordentligt. Jag växte aldrig upp och det var det bästa jag aldrig gjorde.*

Så vad skulle du göra om du vore jag? frågade hon.

Morfar funderade en stund.

Jag skulle göra precis det som du kommer att göra, sa han sedan.

Utmärkt, sa Beate. Det var ett gott och värdefullt råd. Och vad tycker du om min vän Arne?

Jag tycker mycket om din vän Arne, svarade morfar. *Men han är en knäppskalle som kan råka illa ut om han inte passar sig.*

Det vet jag väl, svarade Beate. Det är därför jag oroar mig.

Hjärtats oro får man tåla, sa morfar.

Hon tackade för samtalet och tog farväl av morfar. Bestämde sig för att rulla hem till Meranerstrasse och gå på toaletten. Allt har sin tid.

Eftermiddagen kröp mot kväll. Och långsamt kröp också en känsla över henne. En känsla av uppgivenhet var det; en sorts handlingsförlamning nästan, som om hennes kroppsliga skröplighet smittat av sig på hennes humör och livsvilja, och så brukade det inte vara. Verkligen inte; Beate Bittner hade suttit i rullstol större delen av sitt liv men det hade aldrig varit något fel på hennes framåtanda. Hon hade valt sin egen väg, tidigt i livet hade hon gjort det; stick i stäv med föräldrarnas vilja, åtminstone pappa Arnolds. Han hade velat enrollera henne i församlingslivet på det ena eller andra viset; Beate visste att han i hemlighet tyckte om bilden av pastorns egen dotter i rullstol under mötena. Det var något *passande* över en sådan situation, något *gudsnådeligt*, en sorglig målning över det rena livet, och när hon konfronterade honom med just den anklagelsen – för det var en anklagelse – hade hans djupa rodnad punkterat hans ihärdiga förnekande. Hon hade slagit huvudet på spiken, det var inte första gången.

Hon hade lämnat hemmet i Scharfhagen så fort det bara gått, ett sommarlov efter studentexamen. Börjat läsa nordistik (särskild inriktning på svenska) och bibliotekskunskap på universitetet i Greifswald, och på den vägen var det. När hon tagit sin examen hade hon först fått en vikariatstjänst på ett bibliotek i Kiel och efter några år blivit ordinarie i Berlin.

Vid det här laget, denna märkliga påskvecka, hade hon bott i lägenheten på Meranerstrasse på gränsen mellan Wilmersdorf och Schöneberg i drygt sex år och aldrig haft en tanke på att bosätta sig någon annanstans. Berlin erbjöd just... ja, vad var det staden erbjöd? Den balanserade brygden av det oförutsägbara och det trygga kanske, av fantasi och fakta, av dikt och verklighet, samma brygd som pumpade runt i hennes eget blodomlopp. Som var själva kärnan i Beate Bittner, för varje människa har en kärna.

Det var ungefär så hon brukade förklara det för sig själv; men också för sina bröder och deras familjer när de kom och hälsade på i metropolen. När de ojade sig och förfasade sig, men samtidigt inte riktigt lyckades dölja att det egentligen var här de också ville bo. Om det nu inte hade varit för den eller den omständigheten. Det välavlönade arbetet. Det välskötta dagiset. Närheten till en å, till ett hav, till en skog, eller vad det kunde vara.

Struntprat, brukade Beate Bittner tänka men hålla tand för tunga. Ni är veliga som vatten, det har ni alltid varit.

Och hursomhelst: Berlin var hennes plats på jorden, det behövde inte diskuteras. Det enda hon saknade var en hund; det var inte alldeles enkelt att vara rullstolsbunden och gå hundpromenader men hon visste att en dag skulle hon skaffa en ändå. En gång för länge sedan hade hon lovat sig det, och förr eller senare brukade Beate Bittner uppfylla de löften hon givit sig själv. En lurvig av blandrastyp, ja, det var bara en tidsfråga.

Men nu satt hon här och våndades. Visst var det så? Visst var det våndan som var roten till hennes passiva villrådighet?

Våndan för att det skulle gå på tok. Att det inte var en god saga hon hamnat i utan en ond. Den här märklige svensken hon träffat var ju som hämtad ur en bok, hon hade tänkt så nästan på en gång, medan de satt och åt Flammkuchen på slusskaféet uppe vid Tiergarten, och det var precis det som var så tilltalande med honom. Han hörde liksom hemma i en annan värld och just nu befann han sig antagligen på besök i en sådan: hos en mystisk fjärilsman på Kyffhäuserstrasse, en gata som hämtat sitt namn djupt nere i den germanska folksjälen, bara det. Vad var det egentligen som hände där borta, inte mer än några hundra meter från hennes eget hem, där hon nu satt och kände sig mer förvirrad och osäker än någonsin tidigare i sitt liv?

Och matt. Som om... som om andra krafter höll på att ta över någonting inuti henne och som om hon inte längre hade kontroll över sin egen vilja och över vad som skedde med henne.

Beate Greivald. Vem var hon? En aning hade svept igenom henne medan hon satt på det där kaféet, men det var en aning som var så ängslig och försynt att den inte gick att få fatt i. Inte sätta ord på.

Var det verkligen möjligt att ta sig tillbaka till sextonhundratalet? Vad menade man överhuvudtaget när man ställde en sådan fråga? *Ta sig tillbaka?*

Hon lyfte blicken och tittade på en av morfar Eugens tavlor. En av de mindre, den föreställde en liten flicka med flätor som satt på ett stort ägg och matade ett sagodjur, ett mellanting mellan en kamel och en örn, ungefär, med morötter ur sin hand. Varför fastnar min blick på just den tavlan just nu? frågade hon sig. Finns det någon mening med det?

Ja, naturligtvis, svarade morfar Eugen inuti hennes skalle, nästan en smula irriterat, *det är klart att det gör. Det finns en mening med allt som sker, till och med en skalbagges väg genom gräset, det trodde jag vi kom överens om för många år sedan.*

Beate nickade. Så var det förstås. Hon rullade ut i köket och bestämde sig för att dricka te. Hon hade visserligen druckit tre koppar borta på kaféet, men det fanns många sorters te och hon kunde egentligen aldrig få för mycket av det. Tio böcker i månaden och hundra koppar te, det är min enkla metod, hade gamle lektor Wasserthurm, hennes favoritlärare i Greifswald, avslöjat och det var en livsfilosofi som hon omedelbart gjort till sin egen.

Och nu var det som det var. En tidig skymning hade börjat sänka sig över staden och medan hon satt och väntade på att vattnet skulle koka upp landade de första regndropparna på fönsterblecket. Snart vaknade också vinden och inom en minut vräkte det ner från en vredgad himmel.

Ett riktigt oväder en skärtorsdagskväll, tänkte Beate. Ja, det stämmer förstås.

Lite senare begrep hon också att det inte dög att stanna hemma och vänta. Inte på villkors vis. Vad var det morfar hade sagt den där gången efter att Döden varit på besök och vänt om? *Den som väntar på den rätte...?*

Visst var det en anvisning? Så vart var det hon måste bege sig? *Vart?*

Det dröjde två och en halv kopp te innan hon hittade svaret. Och det var det märkligaste av svar.

5

Tänderna.

Han har ingen kniv men han har åtminstone friska tänder i munnen. Av någon anledning gör männen halt borta vid pumpen, stannar där och byter ord om ett eller annat, och det är denna korta tidsfrist som gör att han hinner. Han gnager, biter och sliter i läderremmen och till slut går den av. Han kommer loss och slinker runt hörnet bara sekunderna innan de tre männen är framme vid dörren – för det är just de tre, det hör han när han andfådd lutar sig mot väggen och lyssnar: hjälpprästen Carambolius, prosten Maximander och den tillreste inkvisitorn. Litvonius. Det är inkvisitorn som först får syn på att det sitter en nyckel i låset.

"Vadfalls? Vad betyder det här?" mullrar han myndigt. "Varför har ni lämnat nyckeln i låset?"

"Ne... ne... nej då", stammar Carambolius. "V... v... vi har inte lämnat någon nyckel. Jag har den här i min ficka."

Tydligen visar han upp den för de andra två, för Aron kan höra dem instämma lite avvaktande.

"Minsann", säger Litvonius, inkvisitorn. "Och varför sitter då den här i låset?"

"Nå, låt oss inte bry oss om den saken", uppmanar Maximander. "Låt oss gå in och få henne i ordning, bara."

Aron undrar vad detta kan tänkas betyda. *Få henne i ordning?* Hur gör man i ordning en häxa för att bränna henne på bålet? Men kanske finns det regler och föreskrifter för sådant också. Det är mycket en människa har att rätta sig efter. Även inför döden.

De tre männen, eller någon av dem åtminstone, försöker få nyckeln ur låset. Aron hör hur det muttras och rådbråkas.

"Nå?" undrar Litvonius. "Vad är det nu då?"

"Den... den tycks... sitta fast", meddelar Carambolius.

"Sitta fast?" säger Maximander. "Vad menar du med det?"

Det tycker till och med Aron är en ovanligt dum fråga. Om en nyckel sitter fast, så betyder det väl att den sitter fast.

"Jag kan inte vrida runt den", förtydligar Carambolius. "Inte... inte åt... någotdera hållet."

Det hörs att han verkligen anstränger sig, precis som Aron gjort för bara en minut sedan. Hjälpprästen stånkar och pustar. Tar i av alla krafter uppenbarligen och får ont i händerna.

"Jamen, det var då själva fan", utbrister inkvisitorn myndigt. "Var snäll och flytta på sig."

Och så, under en rätt lång stund, går Litvonius bet på

samma sätt som Aron och Carambolius gått bet. Prosten Maximander också och sedan alla tre tillsammans. Nyckeln sitter där den sitter, som ett järn i en klippa. Men därinifrån, inifrån fängslet där den förmenta häxan sitter, hörs inte ett ljud. Aron förstår att Beate står och lyssnar till de tre vise männens ansträngningar, precis som han själv gör. Och hon väljer att hålla tyst. Inte låta dem få minsta tecken ifrån henne. Kanske, tänker Aron, kanske har hon redan en plan?

Vilken då i så fall? Vad kan det finnas för plan och för utvägar i det nya läge som uppstått? Aron försöker tänka klart, men det vill inte bli särskilt redigt i huvudet på honom. Inte redigt alls noga taget, för vad kommer att hända nu? Kommer de inte att få ut nyckeln? Kommer dörren verkligen att förbli låst? Gud hjälpe mig, tänker Aron, hur ska jag nu bära mig åt för att rädda min käresta från lågorna?

Och svaren kommer, försiktigt som en dimma.

Vänta och se, det är det första. Ge sig till tåls och få reda på vad Beates bödlar ämnar ta sig före. Herren skapade ingen brådska.

Nu har de regnet över sig dessutom. Medan de tre kyrkomännen står och gruffar framför den låsta dörren öppnar himlen sina portar och låter ett häftigt skyfall gripa in i skeendet. Inkvisitorn Litvonius låter höra ett par kraftiga svordomar och sedan skyndar trion tillbaka över gårdstunet för att komma under tak. Aron å sin sida kilar kvickt runt nästa hörn och kliver upp på stenen.

"Beate!"

På ett ögonblick är hon tätt intill honom på andra sidan gallret.

"Aron, vad var det som hände? Går det inte att öppna dörren?"

"Nej, jag tog nog fel nyckel är jag rädd."

"Fel nyckel?"

"Ja, den fastnade i låset och det går inte att få loss den."

Han kan inte se hennes ansikte i mörkret, bara höra och nästan känna hennes andedräkt. Den är kort och flämtande, som hos en orolig hundvalp, han förstår att hon funderar intensivt. Regnet piskar honom över nacke och rygg.

"Jag förstår inte. Hur kunde det vara fel nyckel? Var fick du tag på den?"

Aron svarar att han inte vet; han inser att det är det konstigaste av svar men Beate bryr sig inte om det. Det finns viktigare saker att klara ut.

"Vad gör de nu?" frågar hon.

"De gick inomhus när regnet kom", säger Aron. "De försöker nog lista ut ett sätt att ta sig in till dig."

"Förstås", säger Beate. "Det betyder att du måste få ut mig innan de kommer tillbaka. Om de inte kan låsa upp dörren kommer de väl att hugga sig in..."

Och i samma stund som hon säger ordet "hugga" vet Aron vad han har att göra. Han har ju stått på vedbacken för bara några timmar sedan, det enda han behöver för att få ut Beate Greivald från fängslet är en yxa.

Jo, en sak till förstås.

Tid.

Hur mycket går inte att bedöma, men kanske är det så att de tre bödlarna inte ger sig ut i regnet en gång till. De tror ju att deras häxa sitter säkert inlåst, varför blöta ner sig i onödan? Aron förbannar sig själv för att han inte tagit med sin yxa till prästgården ikväll, men det är som det är. Att leta efter en annan någonstans bland alla uthus och bodar känns inte lockande, men att springa hem till vedbacken och tillbaka hit tar inte särskilt lång tid.

Han förklarar detta för Beate. Säger att han snart ska vara tillbaka och det enda hon behöver göra under tiden är att be att regnet håller i sig.

"Skynda dig, Aron", säger Beate. "Skynda, skynda!"

Och så springer han. Fortare än någonsin i sitt liv – tror han i alla fall, för han känner inte till någonting om sitt liv – springer han längs farvägen tillbaka till hemmet. Regnet följer honom som en trogen bundsförvant, piskande och ihärdigt, aldrig har han väl tyckt så bra om ett sådant här illasinnat väder förr. Han hittar yxan där han klämt fast den i huggkubben, rycker loss den och vänder genast tillbaka. Ingen tid är att förlora, inte en minut, inte en sekund. Han springer så att det smakar blod i munnen och benen nästan viker sig under honom, men när han kommer åter till prästgården är läget oförändrat. Ovädret pågår, han rusar fram till förrådshuset och sätter igång att hugga med en gång.

"Aron?" ropar Beate oroligt därinifrån, för det skulle

ju kunna vara någon helt annan än han som är på jakt efter henne.

"Det är jag", flåsar han. Svingar yxan, hugger och hugger så att träflisorna yr i mörkret. Naturligtvis hörs det, naturligtvis borde de däruppe i mangårdsbyggnaden bli medvetna om att någonting håller på att hända med deras fängslade häxa i en annan del av gården. Men kanske sover de, Aron förstår att det måste vara inemot midnatt vid det här laget, och i alla händelser är det omöjligt att hugga utan att ge ljud ifrån sig. Tunga, suckande ljud som inte ens ovädret förmår att dämpa tillräckligt. Han inriktar sig på träet runt låset, om han bara kan hugga loss det, komma igenom där, borde dörren gå att svänga upp sedan. Men plankorna är gamla och tjocka och släpper bara motvilligt ifrån sig sina flisor. Medan han svingar och hugger och kämpar förbannar han både den bastanta dörren och den prästdräng som en gång byggde den. Men han ger sig inte, vilar inte ett ögonblick, han är genomblöt både av svett och av regn och han vet att det han håller på med denna skärtorsdagsnatt är det viktigaste han gör i hela sitt liv. Hela sitt obegripliga liv.

Så är han plötsligt igenom och nu är det inte långt kvar. Beate manar på honom, han biter ihop tänderna och ökar takten. Svingar och slår i rasande fart... och nu far hela låsmekanismen all världens väg och dörren svänger upp! Äntligen! Beate Greivald kastar sig ut och landar i hans famn, men hon kommer med sådan fart att de ramlar omkull. Tumlar runt på marken och hon ger sig den lilla tid det behövs för att kyssa honom. Han har aldrig kysst en flicka förr och det känns alldeles vidunderligt. Hon ligger med hela sin tyngd ovanpå honom och har sin tunga långt inne i hans mun, det är förstås över på ett ögonblick, men det är ett ögonblick som sträcker ut sin svans i evigheten.

Sedan kommer de på fötter, inte förrän nu släpper han greppet om yxskaftet, men redan innan de hunnit bestämma vilken flyktväg de ska ta hörs rop i mörkret.

Rop och svordomar. Man har upptäckt dem, ingen tvekan om saken.

Upptäckt att häxan är lös, hon har en medhjälpare och nu alla djävlars i helvete!

Han springer igen. Han och Beate, han är inte ensam längre. Genom mörka skogen över stock och sten springer de, regnet håller i sig men har tunnat ut, eller också är det trädens kronor som skyddar dem. Aron och Beate. Beate och Aron, de ser nästan ingenting, de snubblar och faller med jämna mellanrum, de krockar med träd, trampar ner i kärr och river sig blodiga på snår och taggbuskar, men ingenting kan hindra dem. Ingenting. Emellanåt tar de fatt i varandras händer, men bara för att påminna sig om att de hör ihop. Det går för långsamt att ta sig fram på det viset, hand i hand. Förföljarna är dem i hasorna, de har fått med sig hundar också, två eller tre, det är svårt att avgöra men Aron vet att det finns åtminstone ett halvdussin i prästgården, raggiga och vasstandade bestar. Deras skall kommer från olika håll och det är lite på gott att höra dem också, tänker Aron, eftersom det avslöjar hur stort försprånget är. Eller hur litet. Hundar måste stanna och lukta då och då, sniffa upp spåret, men Aron och Beate stannar inte. Inte för en sekund. De springer för sina liv. Beate leder tycks det som, hon bestämmer ett slags riktning, och snart förstår Aron hur hon tänker.

De måste över floden.

Nå fram till floden och ta sig över den. De kommer inte att vara i säkerhet på andra sidan, men en hel del tryggare. Hundarna kan inte spåra i vatten, och om det enbart är de tre kyrkomännen som är efter dem, Carambolius, Litvonius och den tunge Maximander, ja, då tvivlar Aron på att de ens kan ta sig över till andra sidan av det strömmande vattnet – vattnet som är deras räddning och som han faktiskt redan kan höra.

"Vi är nära nu", flämtar Beate som en bekräftelse. "Bara ett litet stycke till, sedan hoppar vi i floden."

Och plötsligt är de där. Hinner nätt och jämnt hejda sig uppe på den höga brinken; det är nästan som en ravin. Vattnet som forsar förbi därnere kan de inte se, bara höra. Det befinner sig långt under dem; tio, kanske femton meter.

Bakom dem skäller hundarna, ganska nära nu.

De fattar tag i varandras händer igen.

"Nu hoppar vi", säger Beate. "Vi kommer att klara det."

Och de hoppar. Hand i hand rakt ut i mörkret.

6

Fortfarande mörkt.
 Var är han någonstans?
 Vem är han?
 Han minns att han hoppat.
 Ner i en sjö eller en flod.
 Eller kanske *och*. En sjö *och* en flod.
 Men det här är ingetdera. Det är en lång gång, som en tunnel. Han är ensam och han står antagligen mitt i den för det syns ett svagt ljus i bägge ändar. Tjugo–tjugofem meter åt ena hållet, tjugo–tjugofem åt andra.

Oändligt trött känner han sig. Orkar knappt stå på benen; han vet att han varit med om någonting mycket ansträngande, något som sånär tagit kål på honom. Han har sprungit genom en skog. Eller har han sprungit genom en stad?

Eller kanske... *både och*? Det är obegripligt.

Men det har varit betydelsefullt, ja, av allra yttersta vikt, men mer kan han inte göra sig reda för. I varje fall inte just nu när han utpumpad står här och lutar sig mot en kakelvägg i en okänd tunnel och inte ens kan komma på vad han heter.

A-, någonting som börjar på A- är det bestämt. Inte för att det spelar någon större roll men det är alltid gott att veta sitt namn.

Hursomhelst har han haft ett uppdrag och han har löst det till belåtenhet. Möjligen återstår ännu någon liten del av det, men han tror att det kommer att visa sig. Visa sig och lösa sig. En dag kommer han att förstå.

Han ser sig om i tunneln, åt båda hållen, osäker om vilken väg han ska välja. För han kan naturligtvis inte stanna kvar härnere, måste upp ovan jord, hur han nu kan vara säker på att han befinner sig under markytan. Men det är väl så med tunnlar, en tunnel ovan jord kan det inte vara någon större poäng med.

Så skymtar han något åt ena hållet, någonting som befinner sig invid väggen ganska nära det där lite ljusare. Det där som kanske är en utgång. Han bestämmer sig för att gå i den riktningen och ta reda på vad det är, för någonting säger honom att det är viktigt. Viktigt också i den här tiden. Just nu. Det är något eller någon som väntar på honom, och när han kommit lite närmare ser han att det är en kvinna i rullstol. Det är *hon*.

Beate.

Och han är Arne. Han vet det sekunden innan hon säger det. Arne Albin Hektor Murberg.

"Arne!"

Hon gråter. Stilla och utan åthävor; han undrar varför men frågar inte. Lägger en hand på hennes axel istället och står tyst en stund. Tyst och villrådig. Hon snyter sig i en pappersnäsduk.

"Du klarade det."

"Ja", säger han. "Jag gjorde nog det."

Hon nickar och han börjar skjuta henne framför sig. Ut genom tunneln, mot det svaga ljuset.

"Var är vi?" frågar han. "Har du någon aning om var vi är?"

"Jo, jag vet", svarar hon.

De kommer ut till hällregn och blåst.

Och mörker.

Fast Guld-Olga, Siegessäule, är förstås upplyst. Ja, de befinner sig verkligen just där. Nedanför segergudinnan Viktoria mitt i Tiergarten, mitt i Berlin. Den stora rondellen är så här dags på dygnet tom på folk och nästan tom på bilar. Bara ett och annat nattligt, vilsekommet fordon smyger runt den jättelika statyn och försvinner längs någon av de fem armarna som bär åt olika håll, till de olika stadsdelarna i Berlin. Det känns nästan ödsligt, tänker Arne, som om de var ensamma mitt i denna storstad, han och Beate. Som om det inte funnes några andra människor. Bara han och hon. Aron och Beate, nej, Arne och Beate.

De korsar den breda gatan och kommer in i parken, den erbjuder en smula skydd mot ovädret. Beate har åtminstone en regnkappa på sig, och ett plastskynke över ben och fötter, själv har han sin vanliga jacka, den enda han haft med sig hemifrån K-, och den är inte särskilt motståndskraftig mot väta.

Men det spelar ingen roll. Han håller sig varm genom att skjutsa Beate i rullstolen framför sig.

"Fryser du?" frågar hon. "Vill du låna mitt plastskynke?"

"Nej då, det behövs inte", svarar han. "Men jag förstår inte hur jag hamnade här."

"Jag vet inte heller hur det gick till", säger Beate.

"Jag tyckte att jag sprang", säger han. "Genom en skog och genom en stad. Fast mest genom en skog. Och så hoppade vi... vad menar jag med *vi*? Det är så konstigt."

"Det finns saker vi inte kan förstå", säger Beate.

"Många saker", säger Arne. "Men hur kom du hit?"

"Det var...", fortsätter Beate och tvekar, "... det var liksom en röst som sa åt mig att jag skulle bege mig till Siegessäule, och då... ja, då gjorde jag det. Fast jag minns nästan ingenting, inte förrän jag plötsligt satt här och väntade. Jag kunde ju ha tagit permobilen, men av någon anledning valde jag den här."

"Det gjorde du rätt i", säger Arne. "Jag tycker om att köra dig på det här viset."

"Tack", säger Beate. "Men du måste vara trött."

"Jag är dödstrött", erkänner Arne. "Men jag tycker om det också."

De fortsätter en stund under tystnad genom den mörklagda parken. Beate visar vägen genom att teckna med handen när han känner sig villrådig vid någon korsning. Så småningom kommer de fram till slusskrogen där de träffades för första gången för några dagar sedan, här vrider hon upp ansiktet mot Arne och ber honom stanna ett ögonblick.

"Kyss mig, Arne", säger hon och han gör det. Det är första gången någonsin han kysser en kvinna och ändå har han ett tydligt minne av att han gjort samma sak för inte särskilt längesedan. Bara fyrahundra år eller någonting i den stilen. Hon smakar lite regn, lite salt och lite vaniljglass, tycker han.

"Vet du", säger hon. "I natt sover du hemma hos mig och jag föreslår att vi väntar med att prata igenom alltihop tills vi vaknat imorgon bitti."

Arne tänker efter. "Okej", säger han. "Ja, det är nog lika bra att sova på saken."

Och så fortsätter de sin långsamma vandring i regnet genom Berlin, ner mot Wilmersdorf och Schöneberg. Staden är verkligen öde denna ovädersnatt. Gatorna, trottoarerna och torgen ligger övergivna som efter ett krig. När de korsar Bundesallee börjar en symfoni av kyrkklockor att ringa.

Det är midnatt. Långfredagen är inne.

NIONDE DAGEN

På den nionde dagen – som var långfredagen i påskveckan – vilade de.
 Där var en myckenhet av närhet.
 Massor av ord också. Frågor och svar. Funderingar.
 Skorengöring och putsning.
 Mer kommer inte att redogöras för.

Jo, där fanns en röd häst som flög över en myllrande stad också. Den hängde liksom en skyddsängel över dem.
 Den skall inte förglömmas.

TIONDE DAGEN

1

"God morgon. Har du sovit gott?"

"Jo tack", sa Arne och gäspade. "Du då?"

"Som en stock", sa Beate. "Men just som jag vaknade kom jag att tänka på en sak."

"Jaså? Vad då för en sak?"

Arne vred på huvudet och tittade ut genom fönstret. Han såg en trädkrona där löven höll på att spricka ut och bakom den en nästan vit himmel. Det är nog enklare att vara ett träd än en människa, konstaterade han. Enklare men samtidigt tråkigare.

"Vi äter frukost så ska jag förklara."

Vad nu då? tänkte Arne. Vad menar hon nu?

För de hade ju pratat igenom allting. Fram och tillbaka under hela långfredagen – när de inte sov eller gjorde annat – hade de samtalat. Funderat och förundrats. Så gott han förmådde hade Arne beskrivit hur det gick till när Aron räddade Beate den andra undan häxbålet, men han tyckte det kändes som om minnet av alltihop bleknade hastigt. Som om det gällde att glömma bort alltihop så fort som möjligt nu när det löst sig till det bästa. Eller vad skulle man tro? Endast med svårighet hade han lyckats erinra sig hur han högg sönder dörren, hur de flydde tillsammans genom skogen och slutligen hoppade ner i det strömmande vattnet.

Och den där sjön och den där staden? Det blandades ihop på något konstigt vis. Man måtte väl kunna skilja på en skog och stad? På en flod och en sjö? Om man nu hade råkat bli en människa istället för ett träd.

Men en nyckel är en nyckel. Även om det är fel nyckel, och det var ju faktiskt tack vare att den fastnade i låset som de hade kommit undan. Detta gick i varje fall inte att förneka.

"Det är den jag tänker på", förklarade Beate när de satt vid köksbordet med var sin kopp te och en trave smörgåsar. "Nyckeln, vi pratade inte tillräckligt om den igår."

"Det gjorde vi väl", protesterade Arne. "Att jag hade den på mig när jag gick in till Fjärilsmannen, men att den var borta när jag kom tillbaka, till exempel, och..."

"Jo jo, visst pratade vi om nyckeln", sa Beate. "Men inte om asken. Den som nyckeln låg i, den som jag pillade upp."

"Asken? Och vad är det med den?" undrade Arne.

"Jag vet inte", sa Beate. "Men det kunde åtminstone vara värt att undersöka den, eller hur?"

Det tog några minuter innan de hittade den, där Beate lämnat den ovanpå en rad böcker i bokhyllan. De återvände till köksbordet och efter ytterligare en minut hade hon med hjälp av ett uträtat gem pillat upp locket på nytt.

Hon kikade ner i den platta asken och trevade runt med fingrarna efter alla kanter.

"Vad letar du efter?" frågade Arne.

"Ingen aning", sa Beate och lät lite besviken. "Kanske bara en... ja, en förklaring. En liten lönnlucka eller någonting sådant, men det verkar inte finnas någon. Fast vänta, vad är det här?"

Hon höll upp asken så att ljuset från fönstret föll in i den bättre.

"Här står någonting skrivet. Ser du?"

Och Arne såg. På ena inre kortsidan satt en lapp, svår att upptäcka eftersom den hade i stort sett samma färg som det omgivande träet. Den var inte större än en centimeter i höjd och en tum i bredd och texten syntes nästan inte eftersom den bara var aningen mörkare än bakgrunden. Bokstäverna var så pyttesmå att Beate var tvungen att leta fram ett förstoringsglas för att kunna läsa. Arne tuggade smörgås och väntade medan hon kisade och mumlade och muttrade. Tungspetsen i ena mungipan, det gjorde henne förfärligt söt, tänkte han.

"Italienska", sa hon till slut. "Det är en text på italienska, det är jag säker på. Jag tror... jag tror vi måste skriva av den på ett papper. Jag har ett italienskt lexikon, så om vi bara kan tolka alla bokstäverna borde det inte vara omöjligt att få fram vad där står."

"Jag är inget vidare på italienska", erkände Arne.

Beate log. "Det gör ingenting. Vi kommer att fixa det. Jag är säker på att vi har någon sorts förklaring här. Att vi inte har tänkt på det här förrän nu."

Vi? tänkte Arne. *Vi* har inte tänkt… det är nog rätt mycket som åtminstone *jag* inte har tänkt på. Det är verkligen en fördel att vara två när man ska lösa problem.

Åtminstone om den ena är jag.

En kvart senare hade Beate skrivit av texten i ett anteckningsblock, och efter ännu en kvart, medan Arne tog en dusch ute i badrummet, hade hon lyckats översätta texten.

"Hör här", sa hon när Arne kom tillbaka in i köket insvept i en röd och en blå frottéhandduk. "Så här står det på ett ungefär: *Jag tillverkades av mästersmeden Bonaventura. Jag låser till för Djävulen och hans anhang. Jag låser upp för Herren Gud och hans änglaskara. Bevara mig väl.* Vad säger du om det?"

Arne tänkte efter. "Jag vet inte riktigt", sa han försiktigt. "Men det stämmer ju rätt så bra, eller vad tycker du?"

"Det stämmer på pricken", instämde Beate. "Nyckeln såg ju till att inkvisitorn och hans medhjälpare inte lyckades ta sig in i fängslet, det var därför du kunde rädda mig."

"Va?" sa Arne och satte sig. *"Mig?* Jag menar… *dig?"*

"Ja, ursäkta", sa Beate och han tyckte att hon rodnade lite. "Jag tänkte lite för långt. Det var nog snarare som vi sa igår, att det var *din* morfars farmors farfar… och så vidare, och *min* morfars mormors mormor och så vidare… som det handlar om. Jag tror det går ungefär tolv släktled på fyrahundra år."

Arne kände hur det snurrade till i skallen på honom, precis som det hade gjort igår när de pratade om det här.

"Tolv släktled ungefär", upprepade Beate och knackade sig med ett pekfinger i pannan, kanske för att visa att det snurrade i hennes skalle också.

Arne blundade och nickade. Beate fortsatte:

"... Aron och Beate, alltså, och utan dem skulle varken du eller jag sitta här. Vi skulle inte vara födda överhuvudtaget. Det var därför det var så viktigt att hon inte brändes på bål, så att de kunde gifta sig och få barn. Som sedan kunde gifta sig med andra släktingar till oss och få nya barn... du hänger väl med på det här resonemanget?"

"Eh... jovisst", sa Arne. "Klart jag hänger med."

"Det finns en stad och ett årtal på lappen också", sa Beate och rynkade pannan. "*Venezia 1578*. Venezia heter väl Venedig på svenska... har du någon förklaring till varför din pappa hade en ask – och en nyckel – från Venedig? Och varför han bad dig lämna den till din mamma?"

"Bra frågor", sa Arne.

Beate blängde på asken och stängde försiktigt igen den.

"Vänta nu", sa Arne och stirrade på den smörgås med salami och gurka som han höll i handen och just tänkt ta ett bett av. "Venedig ligger i Italien, är det inte så?"

"Alldeles riktigt", sa Beate. "Nå?"

"Jag tror... nej, förresten, jag *vet*, att det var där de träffades en gång i tiden. Och fick ihop det. Faster Polly brukar säga det ibland..."

"Din mamma och din pappa? Du menar att de träffades i Venedig?"

"Ja."

"Och vad är det faster Polly säger?"

"Hon säger det inte längre, men jag minns att hon brukade göra det. Det var som en ramsa liksom: *Avlad i synd i Venedig, kan aldrig bli myndig och redig.* Jag tror det betyder att jag liksom... blev till där på något vis. Fast jag inte borde ha blivit till. Hon är som hon är, faster Polly."

"Det verkar så", sa Beate och gjorde en grimas. "Men om nu din pappa ville att din mamma skulle ha den här asken – och den här nyckeln – så kanske det är så att de köpte den tillsammans den där gången i Venedig. När de var där och du... *liksom blev till*? Eller att han köpte den till henne som en gåva?"

"Det var en spåkvinna", kom Arne plötsligt ihåg. "Pappa sa något om en spåkvinna när han berättade om det."

"En spåkvinna?" Beate funderade i två sekunder. Sedan slog hon ihop händerna och såg triumferande ut. "Jamen då så! Då hänger det ihop."

"Gör det?" sa Arne.

"Javisst. Så här alltså: din pappa och din mamma träffas i Venedig, han köper en nyckel i en ask av en spåkvinna... en väldigt speciell nyckel, och kanske har hon först spått din mamma... eller bägge två. Långt senare, strax innan han dör, ger din pappa dig i uppdrag att åka till Berlin med nyckeln och lämna den till din mamma. Du åker hit men du åker också tillbaka till sextonhundratalet och efter en massa häxerier och hokuspokus stoppar du nyckeln i ett lås, så att... så att två av våra förfäder ska kunna träffas... så att du och jag ska... ja, så att du och jag ska kunna sitta här och dricka te och ha det trevligt! Hemma hos mig i Berlin!"

Arne tänkte efter igen.

"Oj", sa han. "Det var som tusan."

"Precis", sa Beate. Rullade runt bordshörnet och gav honom en puss på kinden. "Men nu är det påskafton och det finns en del kvar att ta itu med."

"Jag vet", sa Arne. "Violetta Dufva... eller Vogel, kanske?... det var ju henne jag skulle leta reda på. Det var faktiskt för att hitta min mamma som jag kom hit. Det är nästan så att jag har glömt bort det."

Och så hittade jag dig istället, tänkte han men vågade inte säga det.

Beate nickade och blev allvarlig.

"Nej, vi får absolut inte glömma bort din mamma. Det är dags att vi beger oss tillbaka till Kyffhäuserstrasse. Tänk om det är så att hon bor där och kan berätta för oss om nyckeln? Man kan ju undra hur det står till hemma hos Anatolis Litvinas också, eller vad säger du?"

"Fjärilsmannen", sa Arne fundersamt. "Usch, den skummisen. Jag har ingen lust att bli hyp... hypnotiserad igen. Verkligen inte, det räcker nu."

"Vi ska försöka undvika det", sa Beate.

2

Redan på långt håll kunde de ana att allt inte stod rätt till på Kyffhäuserstrasse 52. Gatan var avspärrad med rödvita band som fladdrade i vinden och det stod en liten grupp människor på den motsatta trottoaren. De tittade uppåt och pekade mot någonting. När Arne och Beate kommit lite närmare kunde de se vad det var.

Ett av fönstren gapade som ett svart hål i fasaden, och väggen runtomkring, särskilt ovanför, var också den svart av sot. Det var inte svårt att räkna ut vad som hade skett: det hade brunnit därinne. Fortfarande hängde en obehaglig lukt av kallnad rök i luften och ett stycke längre ner på gatan stod en brandbil parkerad.

De gjorde halt och Beate vände sig till en äldre man som höll på att tända sin pipa och frågade vad som hänt. Han satte genast igång med en smattrande förklaring, viftade ivrigt med händerna och gestikulerade med pipan, men Arne hade svårt att förstå vad han sa.

"Sent igår kväll", översatte Beate, när en liten kvinna som förmodligen var mannens hustru hade fått stopp på honom. "Han säger att det var då det började brinna därinne. Brandkåren var på plats och släckte ganska snabbt men en människa förlorade livet. Tror du...?"

Arne svalde. "Det är i varje fall rätt våning", sa han med en rysning.

Beate väntade.

"Och jag tror det är hans fönster. Fast jag kunde aldrig titta ut eftersom gardinerna var fördragna."

"Vi måste ta oss upp och kontrollera", sa Beate. "Bara de släpper in oss."

Det stod en polis, eller kanske var det bara något slags vakt, vid sidan av porten. Arne började skjuta Beate framför sig i riktning mot honom.

"Jag säger till honom att din mamma bor i huset", förklarade hon. "Är det okej?"

"Det är okej", försäkrade Arne och efter några enkla meningar från Beate nickade vakten, höll upp dörren och tillsammans hjälptes de åt att få in rullstolen.

På fjärde våningen stötte de på ytterligare en vakt, men också en gammal dam med hår som en utblommad maskros. Hon hade tryckt in en yngre man i träningskläder i ett hörn och de diskuterade livligt. Damen lät mycket upprörd medan ynglingen tycktes göra sitt bästa för att komma därifrån, kanske för att komma ut på sin träningsrunda. När han fick syn på Beate och Arne passade han också på tillfället. Trängde sig ut ur sitt hörn och skyndade nerför trapporna. Beate vände sig till damen och frågade vad det var som hänt.

"Götterdämmerung und Jammerschade!" utbrast hon och snöt sig i en färggrann näsduk, stor som en dörrmatta. "Der verdammter Dummkopf!"

Sedan satte hon och Beate igång en diskussion som för Arnes del lika gärna kunde ha ägt rum på kinesiska, så lite begrep han. Men han tänkte att han säkert skulle få en förklaring så småningom och nöjde sig med att försiktigt kika in genom dörröppningen till Fjärilsmannens lägenhet. Hela dörren var borttagen så det erbjöd inga svårigheter, och vakten som stod och såg uttråkad ut verkade inte ha något att invända.

För det var därinne det hade brunnit, ingen tvekan om saken. Hos Herr Professor Anatolis Litvinas, som han av allt döma hette. Eller hade han uppträtt under falskt namn? Sådant hände, det kände Arne till bland annat från filmens värld. Hursomhelst luktade det förfärligt illa inifrån lägenheten och det som gick att urskilja såg också ganska bedrövligt ut. Sotigt, svart och indränkt med vatten. Tänk att jag var här för bara två dagar sedan, tänkte Arne med en ny rysning. Och tänk att jag försvann härifrån till... till sextonhundratalet... och till slut hoppade jag ner i en flod och landade i tunneln under Guld-Olga mitt i natten! Hur det nu gick till? Jag kommer aldrig att få vara med om någonting konstigare i hela mitt liv, inte ens om jag blir påve eller sjökapten eller...

Han blev avbruten i sina funderingar av att Beate knackade honom i ryggen. "Arne, får jag presentera dig för Frau Vogel..."

"Va?" sa Arne och vände sig om. "Inte kan väl...? Men då måste ju...?"

Den gamla damen sträckte fram handen och hälsade.

"Irmelin Vogel, grüss gott."

"Isch bin Arne. Guten Tag, aber..."

Han hejdade sig och tänkte efter. Om den här gamla maskrosen var fru Vogel, så innebar det ju att... ja, det innebar i varje fall att hon inte kunde vara hans mamma. Hon såg ut att vara åtminstone åttio och Violetta Dufva borde vara sisådär sextio. Inte kunde han upptäcka minsta likhet med det gamla fotografiet heller, så vad betydde det? Jo, det betydde att den där snilleblixten han fått om duvan och fågeln och namnbytet hade varit ett misstag. När allt kom omkring.

Nu kom där en ny lång ramsa på egendomlig tyska ur maskrosdamen. Beate lade en hand på hennes arm, lyssnade, nickade och när det blev en tillfällig andhämtningspaus fick Arne en förklaring.

"Hon säger att Fjärilsmannen är död."

"Död?"

"Ja."

"Brann han inne?"

"Troligen. När brandmännen kom in i hans lägenhet i natt låg han naken på köksgolvet. Han var alldeles sotig, det enda han hade på sig var ett väldigt rött lösskägg..."

"Rött skägg?" sa Arne och grävde hastigt i minnet. "Han den där ink... inkvisitorn hade rött skägg."

"Barbarossa", sa Beate tankfullt. "Ja, det hänger också

ihop... på något egendomligt vis. Han måste ha varit galen."

"Vad är Barbarossa?"

Beate tänkte efter. "Det är en lång historia", sa hon. "Väldigt lång."

Maskrosdamen hojtade någonting och Beate fattade tag i en av hennes händer för att lugna ner henne en smula. Sedan pratade de en stund till, medan damen då och då kastade blickar på Arne och såg bekymrad och lite ledsen ut. Han tyckte sig uppfatta att en del ord återkom: *Mutter*, *Blutpfropf*, *KaDeWe* och *Ach, Du lieber Augustin*.

Hon är nog rätt så förvirrad, tänkte Arne.

Det stämde säkert att änkefru Irmelin Vogel för dagen var ganska förvirrad, både av brandrök och av sin relativt höga ålder, men när Arne och Beate en timme senare dragit sig tillbaka till kaféet på Frankenstrasse, med skorpor, kvittenmarmelad och en stor kanna te, förklarade Beate att den gamla damen nog haft det mesta klart för sig, trots allt.

Hon hade ju bott vägg i vägg med "den nyinflyttade galenpannan", och även om hon under natten drömt om en stor eldsvåda, så hade hon inte vaknat av brandlukten. Det var istället en annan granne, herr Kuntze på våningen ovanför, som hade larmat brandkåren. Klockan var då närmare halv ett, men brandkåren hade varit föredömligt snabbt på plats och släckt elden på relativt kort tid. Den hade inte spritt sig till några andra lägenheter även om en hel del bohag skulle komma att saneras för att

den obehagliga röklukten skulle försvinna. För säkerhets
– och för just denna lukts – skull hade alla som bodde i
huset evakuerats, men de hade åter fått tillträde till sina
bostäder under förmiddagen.

Vad som försiggått inne hos professor Litvinas under
gårdagskvällen, och exakt vad som hade orsakat branden,
var ännu inte klarlagt, men den allmänna meningen – hos
polis, brandmän och de i huset boende – tycktes vara
att professorn varit spritt språngande galen. En uppfattning som sedermera stärkts när informationen om att
han suttit på en mentalvårdsinrättning så sent som för
någon månad sedan kom ut.

Skam och elände, hade änkefru Vogel menat. Blådårar
ska väl inte få springa omkring nakna varsomhelst heller?
Med lösskägg och tändstickor. Tutta eld och ta kål på sig?

"Han måste ju ha haft något helt annat i tankarna",
sa Beate och sträckte ut sin hand över bordet. "När det
gäller dig, Arne. Han hade säkert stora planer. Men det
går nog inte alltid som man har tänkt när man utmanar
makterna..."

"Makterna?" sa Arne.

"Eller vad man vill kalla det", sa Beate med ett hastigt
leende. "Hursomhelst tror jag att du hade rätt mycket
tur. Och de goda krafterna på din sida... eller makterna,
som sagt."

Arne visste inte vad han skulle säga så han teg. Kramade hennes hand lite försiktigt, den kändes nästan
som en liten fågelunge inuti hans stora labb. Det var en
utomordentligt trevlig känsla, han tänkte att han gärna

skulle hålla kvar den i femtio år eller så. Om det gick.

"Jag menar förstås att *vi* haft de goda krafterna på *vår* sida", tillade Beate.

"Det är klart att du gör", sa Arne. "Men hur var det med min mamma egentligen? Är hon också död, alltså?"

Beate tvekade en sekund. "Ja, hon är död", sa hon sedan. "Jag är ledsen, men så är det. Fast hon bodde verkligen i det där huset... Kyffhäuserstrasse 52, fram tills hon avled. Det var i april 2010 enligt fru Vogel. Fem år sedan ganska precis, och det konstiga är..."

Hon avbröt sig och betraktade honom med ett bekymrat uttryck i ögonen.

"Vad är det som är det konstiga?" frågade Arne.

"Jo, det där du berättade om att du hade sett henne... sett din mamma, alltså. Visst var det på KaDeWe, det stora varuhuset?"

"Jag tror det hette så", sa Arne. "Och jag var väldigt säker på att det var hon just då. Fast efteråt undrar jag ju hur... ja, hur jag kunde vara så säker."

"Kommer du ihåg vilken våning det var på?"

"Jag tror det var på tredje. Varför frågar du det?"

Beate tvekade, sedan drog hon ett djupt andetag och såg honom stint i ögonen. "Jag vet att det här inte låter riktigt klokt, men fru Vogel berättade att Violetta Dufva dog av en hjärtattack för fem år sedan. De hade gått till KaDeWe tillsammans för att shoppa, de brukade tydligen göra det ibland, jag antar att fru Vogel behövde lite assistans... och så hade din mamma plötsligt bara ramlat ihop på golvet. Hon var död redan när ambulansmännen kom efter några minuter, trots att någon hade försökt ge henne konstgjord andning och hjärtmassage."

Arne släppte hennes hand för ett ögonblick men tog fatt i den igen. "På det där varuhuset?"

"På KaDeWe, ja", sa Beate. "Där du såg henne för några dagar sedan, fem år senare. Vi skulle ju kunna... nej, förresten, jag tror vi ska låta bli det."

"Du menar...?"

"Jag menar att det skulle vara möjligt att ta reda på vilket datum din mamma dog och kontrollera om det råkar vara samma datum som du såg henne där. Men, som sagt, vi kanske inte behöver... vad heter det på svenska?... vända på varenda sten?"

"Det behöver man inte göra", instämde Arne. "Min pappa brukade säga så. Är man så korkad att man vänder på alla stenar får man se all möjlig skit i onödan och dessutom ryggskott."

"Det låter klokt", sa Beate Bittner och log. "Ska vi dricka upp teet och gå hem och laga middag istället?"

"Jag är inget vidare på matlagning", sa Arne. "Men jag är villig att lära mig."

"Utmärkt", sa Beate. "Är det någon särskild maträtt du skulle vilja laga?"

"Kanske Bratwurst mit Kartoffelsalat", sa Arne efter att ha funderat några sekunder.

"Vi kan äta det ikväll", föreslog Beate. "Jag tror jag har alla ingredienser hemma."

"Finemang", sa Arne.

Eller vad säger du, Perry? tänkte han. Visst är det finemang?

Och pappa Torsten, jag har inte hört dig tjata i skallen på några dagar, så jag antar att du också är nöjd.

Det hördes inget svar från någon av dem, men det kvittade. Han tog fatt i handtagen på Beates stol och började varsamt rulla ut henne från kaféet.

"Vad tycker du om hundar?" frågade Beate när de kommit några hundra meter på väg mot Meranerstrasse.

"Varför frågar du det?"

"Jag tänkte bara vi skulle prata om någonting annat än eldsvådor och konstigheter."

"Jaså?" sa Arne. "Jo, jag gillar hundar. Min farbror och faster hade en ett tag, men faster var allergisk så de blev tvungna att förkorta den."

"Förkorta? Vad betyder det?"

"Jag vet inte. Farbror Lennart sa så. *Nu har vi förkortat Sixten.* Och sen hade de aldrig hund mer."

"Hm", sa Beate. "Vad var han för sort?"

"Jag vet inte", sa Arne. "Flera, tror jag. Han var rätt stor."

"Har du någon favoritsort?"

"Jag tycker bäst om de som är lite lurviga. Sixten var väldigt lurvig."

"Verkligen?" sa Beate Bittner.

Sedan började hon nynna. Han tyckte det lät som den där tangon.

ELFTE DAGEN

På sin elfte dag i Berlin, som var påskdagen, lånade Arne Murberg en mobiltelefon av Beate Bittner och skickade ett sms till sin farbror Lennart i K-, Sverige.

Jag stannar kvar.
Hälsa faster Polly.
Arne

16,-